湖北省博物館
文化创意产品图录

湖北省博物馆　编著

科学出版社
北　京

图书在版编目（CIP）数据

湖北省博物馆文化创意产品图录 / 湖北省博物馆编著. — 北京：科学出版社, 2019.10

ISBN 978-7-03-062336-2

Ⅰ. ①湖… Ⅱ. ①湖… Ⅲ. ①博物馆—文化产品—湖北—图录 Ⅳ. ①G269.23-64

中国版本图书馆CIP数据核字（2019）第206913号

责任编辑：王光明　董　苗 / 责任校对：邹慧卿
责任印制：肖　兴 / 书籍设计：北京美光设计制版有限公司

科学出版社 出版
北京东黄城根北街16号
邮政编码：100717
http://www.sciencep.com

北京九天鸿程印刷有限责任公司 印刷

科学出版社发行　各地新华书店经销

*

2019年10月第　一　版　开本：889×1194　1/16
2019年10月第一次印刷　印张：10　1/4
字数：296 000

定价：208.00元

（如有印装质量问题，我社负责调换）

序

湖北省博物馆成立于1953年，位于美丽的东湖之滨，是湖北省规模最大、收藏和展示文物最多的综合性博物馆，是国家一级博物馆、中央和地方共建的国家级重点博物馆之一，也是国家文物局重点科研基地“出土木漆器保护国家文物局重点科研基地”的依托单位、国家AAAAA级旅游景区。合署办公的湖北省文物考古研究所是中国重要的考古研究机构，2018年成为国家文物局批准设立的首个“海峡两岸考古教学交流基地”。主持的考古发掘项目先后多次入选全国十大考古新发现、中国社会科学院论坛“六大考古新发现”，获得世界田野考古奖、中国田野考古奖多项，参与的考古遗址公园挂牌和立项数量位居全国前列，主持发掘的唐崖土司城遗址成功入选世界文化遗产名录，主持调查和清理的“五峰古茶道汉阳桥段”遗址等的“万里茶道”列入《中国世界文化遗产预备名单》。

湖北省博物馆现有馆藏文物24万余件（套），尤以屈家岭文化、石家河文化为代表的史前文化系列，盘龙城和楚国、曾国文物为代表的青铜文化系列，梁庄王墓、郢靖王墓、武当文物为代表的明代精品文物系列享誉海内外。目前湖北省博物馆正在进行三期扩建，建成后的湖北省博物馆将成为湖北文化宣传和教育的主阵地、展示文化资源大省的大名片，也将是具有鲜明时代风格和荆楚文化蕴涵的文化地标。

荆楚文化作为悠久中华文明的重要组成部分，湖北省博物馆一直致力于用精美的荆楚文物弘扬中华优秀传统文化，传递文化自信，通过以曾侯乙编钟为代表的特色荆楚文物传播中华礼乐文明，实现“文化振兴”，让传承“活起来”，在潜移默化中建立教化体系。其中，湖北省博物馆主要依托馆藏文物，通过文博创意产品的开发，延伸文化传承网络，讲好文物背后的故事，实现观众“把博物馆带回家”的愿望，满足人民群众美好生活的需要。并通过精品文物提升荆楚文化影响力，进而彰显中华文明的地位和作用。

湖北省博物馆馆长：

目　录

湖北省博物館

文创工作概述

湖北省博物馆文创工作起步较早，早在20世纪80年代末，湖北省博物馆即由当时的群工部设立纪念商品销售柜台，实际上承担起了文创商品销售的职能。当年文创这一理念尚未出现，博物馆的文创工作基本以旅游商品售卖部的形式进行经营，销售的商品主要是文物复、仿制品和旅游纪念品，针对的客户群体也主要是旅行社组织的旅游团，尤其是境外旅游团。经过30年的探索，湖北省博物馆文创商品走出象牙塔、步入寻常百姓家，逐步形成了馆藏青铜器、漆器、玉器、陶瓷、丝织品及地市县博物馆重点文物复、仿制品，衍生品，图书、音像制品等十一大系列千余个品种，并将最具特色的曾侯乙编钟复制件演出打造为湖北省博物馆独有的品牌。

随着社会的发展，党和国家对博物馆工作越来越重视，湖北省博物馆文创工作与时俱进，加快发展，尤其是2016年湖北省博物馆入选首批全国文化文物单位文化创意产品开发试点单位名录以来，文创工作迈上了一个新的台阶。

（一）立足自身特点开展文创工作

湖北是楚文化的核心区域，历年来，经考古发掘的曾侯乙墓、包山楚墓、枣阳九连墩楚墓等出土文物众多，既有曾侯乙编钟、越王勾践剑等世界知名文物，也有大量楚文化的其他代表性文物，构成湖北省博物馆的特色馆藏。湖北省博物馆结合自身情况，依托馆藏资源、形象品牌，积极稳妥推进文化创意产品开发。

湖北省博物馆在推动文创产业发展的同时，注重与社会力量深度合作，力争做到优势互补、互利共赢，充分利用社会资源，尤其是加强与产品研发创意人员、营销人员的合作，做到专业人做专业事，拓宽文化创意产品开发投资、设计制作和营销渠道，加强文化资源开发，促进资源、创意、市场共享。

近年来，湖北省博物馆与武汉精密铸造、大冶石开、随州曾楚等公司合作制作了大量荆楚文化特色的铜、漆器复、仿制品，不少产品成为湖北乃至中国文化对外交流的重要媒介。其中，曾侯乙编钟原大仿制件不仅在人民大会堂等重要场所陈设，还在大陆多处重要旅游景点和台湾鸿禧美术馆以及美国黑鹰博物馆等地常年展演。

同时，为进一步拓展新的合作领域，湖北省博物馆先后与深圳腾讯、湖北楚天书局、广东亮点首饰、北京嘉德明诚等知名文创公司合作，推出了一系列独具特色的文创产品。截至目前，已累计开发文创产品上千种，分家居生活、藩王首饰、益智游戏、传统经典等几大系列，种类涵盖了生活、学习、工艺品等多个门类。

（二）重点打造特色文创品牌

中国是礼乐之邦，礼乐制度是中国传统文化的根基，作为礼乐重器的曾侯乙编钟蕴含着丰富的礼乐文化思想，是公元前5世纪中国璀璨文明的代表。湖北省博物馆从确定复制编钟的那一天起，即开始组建编钟乐团，不断加强编钟乐团建设，在馆内建设编钟演奏厅，还承担了国家和湖北的对外文化交流任务，先后接待了数百位中外国家领导人，欣赏湖北省博物馆编钟演出的观众累计超过百万，逐步打造了“千古绝响——曾侯乙编钟音乐会”这一特色品牌。

近年来，湖北省博物馆进一步打造特色文创品牌，将其作为湖北省博物馆文创工作的拳头产品向外推出。在编钟乐团品牌打造方面，湖北省博物馆主要做了以下几个方面的工作：

一是曲目常变常新，多渠道扩大编钟乐团影响力。为提升编钟乐团演出水平，湖北省博物馆加强与艺术院校及诸如谭盾等知名音乐人合作，先后编排数十首编钟乐曲。其中，2016年编排新曲目7首，2017年重点打造了编钟乐舞《梁祝》《千古绝响》，2018年推出了《剑舞》。借助剧场美学展现荆楚礼乐，以曾侯乙编钟为主要乐器，配上磬、建鼓、悬鼓，加以埙、筝、琴、排箫、笙、篪等乐器组成了一个完整的“殿堂乐队”，形成八音和鸣的震撼场面，辅以乐舞进行组合表演，使观众在欣赏作品的同时领略到楚乐之美、楚舞之美、楚器之美。

二是加强编钟乐舞延伸产品研发。为扩大编钟乐团影响力，湖北省博物馆先后开发了原件编钟演奏的CD及曾侯乙编钟的DVD、CDROM，年均销售近万张。为深挖编钟乐团的延伸效益，利用现代科技手段赋予编钟乐舞新的内涵，湖北省博物馆还推出了编钟乐舞AVR产品，使编钟乐舞变得更加形象生动，更易于为年轻人接受，也更好地推广了编钟文化，该产品荣获2017年厦门海峡两岸文创博览会“最佳人气奖”。

三是加大走出去的工作力度。在做好馆内演出的同时，湖北省博物馆编钟乐团还走出博物馆，先后参加了1997年香港回归庆典、日本东京国际音乐节、美国旧金山黑鹰博物馆庆典演出等多项活动，所到之处获得了各界人士的一致好评，为扩大中国礼乐文化的影响向世界呈现了一张靓丽的文化名片。

（三）加强数字创意产品工作

数字创意工作必将是今后博物馆文创工作的重点，为此，湖北省博物馆投入人力物力，加强研发，稳步推进该项工作。

2015年，湖北省博物馆结合馆区空间特点编制了“小木屋公共文化空间”项目的企划方案，设计制作了2款“文物拼图”游戏、2本电子书和一款以国宝鹿角立鹤为原型的“体感游戏”。这些具有教育意义的媒体内容丰富了观众的参观体验，让湖北省博物馆“小木屋”成为一个可以游戏的乐园。

湖北省博物馆还创作了中国首部考古主题动画片《曾侯乙》，本片共展示了包含9件国宝在内的32件珍贵文物，通过2D与3D相结合的方式，将曾侯乙墓中的场景进行360度展示，是一部名副其实的少儿版“古墓探秘”。与中国教育电视台“博物馆之夜”栏目合作，通过进行在线首播，观众可以通过“爱奇艺”网站观看这部动画片。该片获首届中国考古学大会公共考古奖（金鏄奖）。

2016年10月1日，在观众资源数据库分析结果的指导下，由湖北省博物馆自主研发的“掌上智慧博物馆APP”付费项目正式上线投入使用。这是一个包含了导览、馆藏精品、在线教育、娱乐和交流功能的大数据平台。2017年，该款产品得到全面提升，至今已拥有超过2万余名付费用户，3万余名注册用户，开创了文化资源有偿使用的新模式。

为推动湖北省博物馆的数字创意文创进一步走向深入，湖北省博物馆承办了2018年“数字创意产业发展重大行动计划研究”研讨会。中国工程院院士、中央电视台总工丁文华，中国工程院院士徐志磊，中国科学院院士闻邦椿等20余位国内著名的数字创意方面的专家学者参加会议。

在全国2017年度文化文物单位文化创意产品开发扶持申报工作中，在全国批复的69个项目中，湖北省博物馆与两家公司合作申报的“互联网＋曾侯乙编钟文创产品的创新性开发和经营示范项目”等两个项目均获得立项。在2018年国家文物局“互联网＋中华文明”项目评选中，“湖北省博物馆科普资源数据库（青少版）”入选。

2018年，湖北省博物馆在数字文创工作方面的投入进一步加强，尤其注重与知名互联网企业的合作，7月联手腾讯推出“云裳羽衣”手游，在法国卢浮宫举行了首发仪式，引发社会各界关注。11月，与腾讯公司合作，打造编钟国乐版《风一样的勇士》，将湖北省博物馆的编钟音乐植入《地下城与勇士》游戏中，拓展了传统文化的传播渠道。

（四）发掘馆藏资源，促进文创工作深度发展

结合2016年开展的第一次全国可移动文物普查，湖北省博物馆对馆藏文物进行了一次全面梳理，共计完成24万余件（套）文物的登录工作，建立了数字化的文物信息资源库，下一步将利用现有成果，面向社会提供知识产权许可服务，促进文化资源社会共享和深度发掘利用。

（五）多渠道开展文创经营

充分发挥各类市场主体作用。广泛引入社会力量参与研发、生产、经营

等活动，湖北省博物馆目前与社会企业的合作形式大体有以下几种：

1. 限量复、仿制，如越王勾践剑、元青花梅瓶等，由湖北省博物馆自主经营。越王勾践剑经过多年的市场检验，适销对路，目前湖北省博物馆销售的青铜制越王勾践剑分两种，一种是限量复、仿制生产的具有收藏价值的带编号剑，每年限量复制99把，另一类为无编号剑，以满足一般消费者的需求。

2. 委托开发，由湖北省博物馆代销的文化创意产品。湖北省博物馆和相关企业一起研究提炼馆藏文物元素，由专业公司进行设计。如委托山东增艳锦添公司开发生产越王勾践剑书签、湖北省博物馆建筑物冰箱贴、植绒多功能鼠标垫、杯垫等。对委托开发的产品，湖北省博物馆在政策上予以扶持，确保开发的可持续性。

3. 依托湖北省博物馆现有场域与企业合作开办咖啡屋、水吧、纪念章销售等配套服务设施。针对这些配套服务设施，湖北省博物馆始终按照高标准要求，加强人员安全管理，确保服务质量，为观众参观提供环境优雅的小憩场所，更好地体现了博物馆的社会服务功能。

4. 专区展示推广。博物馆的文创工作不能单纯追求经济效益，更重要的是要担负起推广传播中华优秀传统文化、革命文化、社会主义先进文化的职能。为此，湖北省博物馆与武汉市非遗文化传播有限公司合作，设立非遗传承人作品展示销售专区，与武汉传统手艺人联盟“守艺人”合作，开发了一系列包括木雕、拓片书签、漆器、茶具等在内的荆楚特色鲜明的传统手工艺产品。

（六）完善文化创意产品营销体系

1. 创新推广营销理念。以博物馆实体店为基础，以点带面，推广文创产品，现已与多家省级博物馆建立了商品销售合作业务，构建了较为完善的线下销售网络。湖北省博物馆文创产品曾在国家博物馆、南京博物院、吉林省博物院、辽宁省博物馆、伪满皇宫博物院、浙江省博物馆及省内恩施州博物馆、黄石博物馆、荆州博物馆等兄弟馆销售过。

2. 加强线上销售工作。湖北省博物馆已与中国文物交流中心、鲁迅纪念馆签订战略合作协议，联合打造文创品牌，已启动与京东商城的线上合作的前期工作。

3. 充分利用社会资源。博物馆自身的销售渠道有限，也无法投入大量资金建立自己的营销渠道。为此，湖北省博物馆加大引入社会力量、加强营销渠道工作力度，如与广东亮点珠宝公司合作，利用其已有的销售网络，将以越王剑、编钟、四爱图梅瓶元素为题材创作的系列首饰推向社会。与北京华信国玉公司合作，通过其公司的销售渠道将玉质越王勾践剑推向市场。

（七）推进授权开发销售，实现文创开发模式的新突破

博物馆的文创商品要想真正走进千家万户，实现让人们把“博物馆记忆”带回家，达到文创推广传播的目的，仅仅依赖博物馆自己的渠道是不可能的，博物馆面对的观众毕竟有限，尤其是像湖北省博物馆这样的省级馆，线下观众一年也就 200 多万，线上关注人群也有限，如何通过授权开发销售，进一步拓展博物馆文创商品的受众群体是湖北省博物馆一直在探索与尝试的方向。

近年来，湖北省博物馆在充分考察企业实力与销售渠道基础上，择优选择了一些省内外知名企业开展合作。2017 年，湖北省博物馆与广东亮点珠宝公司合作开发金银类首饰，目前已推出曾侯乙编钟系列、梁庄王系列首饰一百多种，即将在湖北省亮点公司的近百家销售点上市。2018 年，湖北省博物馆与北京华信国玉公司合作，授权开发玉质越王勾践剑系列，由该公司在全国范围内发行销售，市场反应良好。本地消费市场也是湖北省博物馆关注的重点，2018 年，湖北省博物馆与湖北省知名食品企业仟吉公司合作，强强联手，授权开发了国宝系列糕点及探密 • 考古巧克力，受到了广大消费者的一致好评。

（八）积极拓展，提升湖北省博物馆文创工作影响力

2016 年以来，为提升业界影响力，湖北省博物馆积极拓展文创工作领域，承办、参加了多项展会，获得了多个奖项，取得了良好的社会效益。

2016 年 6 月，湖北省博物馆承办了“全国文博单位文创产品联展”，获国家文物局颁发的全国十佳“全国博物馆文化产品示范单位”荣誉称号、“中国博物馆协会文创产品专业专委会 2016 年度突出贡献奖”。

2017 年，在省文物局领导下，由湖北省博物馆牵头组建了湖北博物馆文创联盟，整合全省博物馆资源，以湖北省博物馆为主导，全省博物馆和相关文化企业、高校参与。采用授权经营模式，促成全省文创产品的分类研发和联合销售，打造湖北文创产品的研发、交流、合作的平台。2017 年 12 月由湖北省博物馆牵头首次以湖北博物馆文创联盟名义参加了广州文博版权交易博览会，得到中国文物交流中心肯定，获得“最佳展示奖”“十大优秀文创产品创意奖”等 4 个奖项。

2018 年，湖北省博物馆牵头成立的湖北文创联盟在福州第八届中国博物馆及相关产品与技术博览会（第八届“博博会”）亮相，推出了近百种湖北省博物馆今年开发的文创新品，受到了参展同仁和观众的一致好评，获得了“最佳展示奖”“博物馆国际交流荣誉奖”两个奖项。

湖北省博物馆先后举办了三届文创产品设计大赛，推动与文化创意设计机构、高等院校、职业学校的合作，提升文化创意产品设计开发水平。深入

挖掘文化资源的价值内涵和文化元素，通过文创产品设计大赛共收到作品近千件，有全国150余家设计单位和个人参赛，共评选出百余件优秀文创设计作品。2017年湖北省博物馆为加强大赛作品的可实施性，配合湖北省博物馆举办的“万里茶道”临时展览举办专题文创大赛，征集作品60多件，市场反应良好。

随着湖北省博物馆三期扩建工程的进行，湖北省博物馆将进一步对文创空间进行全面改陈设计，改变传统经营方式对今后发展的束缚，打造一个荆楚特色鲜明、功能分区明确、人流组织设计合理的文创空间，以期实现湖北省博物馆文创工作质的提升。

湖北省博物館

典型文创产品介绍

经典复、仿制品

湖北省博物馆馆藏文物24万余件（套），其中曾侯乙编钟、越王勾践剑、元青花四爱图梅瓶、云梦睡虎地秦简等闻名遐迩。文物的复、仿制件一直是博物馆文创产品一个必不可少的组成部分，湖北省博物馆以诸多国宝级文物为原型，结合现代工艺手段，还原制作了以越王勾践剑、曾侯乙编钟仿制件为代表的一批传统工艺品。

◈ 越王勾践剑限量版复制件

56厘米×5厘米
青铜、玉

越王勾践剑是与越王勾践这位著名的历史人物密切相关的一件绝世珍宝，剑身有两行八字鸟篆铭文“越王鸠浅（勾践），自（作）用剑”，它不仅花纹精美、刃薄锋利，且深埋于地下2000多年至今不锈，并保持着耀目的光泽。谜一样的名剑之王——越王勾践剑，凝聚了吴越铸剑巨匠的高超智慧和精湛工艺。典藏名剑，是收藏者身份和地位的体现，湖北省博物馆每年限量精制99把带编号的青铜版越王勾践剑，以满足收藏者之需。2018年，湖北省博物馆又和制玉大师合作，突破传统材质限制，授权出品了白玉、青玉、碧玉系列玉质越王勾践剑仿制件。

1.5 米套钟

150 厘米 ×30 厘米 ×80 厘米
青铜

曾侯乙编钟是国宝级文物，被誉为世界第八大奇迹，具有极高的收藏价值和欣赏价值，也是湖北省博物馆镇馆之宝。根据市场定位，湖北省博物馆先后研发出数十种编钟产品以满足观众及收藏市场的需求。该款 1.5 米套钟制作精美，音色准确，曾作为国礼赠送给 2018 年 4 月来华访问的印度总理莫迪。

◆ 鹿角立鹤仿制件

143.5 厘米 ×110 厘米
青铜

湖北省博物馆馆藏国家一级文物鹿角立鹤造型别致，由鹤身、鹤腿、鹿角、底板四部分榫接组成，鹤头、颈与鹿角均错金装饰，背脊与双翅周边镶嵌绿松石。中国古代视鹤、鹿为瑞祥，此为鹿、鹤合体，是想象中的吉祥动物。由湖北省博物馆研制开发的鹿角立鹤系列仿制件，严格按照传统工艺铸制而成，极具收藏价值。

◈ 虎座鸟架鼓仿制件

160 厘米 ×110 厘米

木

虎座鸟架鼓是战国时期楚国的重要乐器种类。以两只昂首卷尾、四肢屈伏、背向而踞的卧虎为底座，虎背上各立一只长腿昂首引吭高歌的鸣凤，背向而立的鸣凤中间，一面大鼓用红绳带悬于凤冠之上。通体髹黑漆为地，以红、黄、金、蓝等色绘出虎斑纹和凤的羽毛。全器造型逼真，彩绘绚丽辉煌，既是鼓乐，也是艺术佳作。值得一提的是，在这一凤与虎的组合形象中，凤高大轩昂，傲世苍穹，虎却矮小瑟缩趴伏于地，反映了楚人崇鸣凤、向往安详的意识和征服猛兽，不畏强暴的精神。

战国漆豆仿制件

26 厘米 ×20 厘米 ×24 厘米

木

全器分盖、身两部分，呈椭圆形，短柄。豆盘两侧有附加的方形浮雕大耳。盖顶及双耳均采用仿铜的浮雕工艺。盖顶浮雕三条蟠龙；方耳的内外侧、两旁及顶部正面，均浮雕出龙纹装饰，龙或大或小或缠或绕，或首尾相接，或一首变身。头、目、嘴、角、鳞均刻画入微，各具形态，若隐若现，犹如浮动于云彩之中，极为生动。全器造型典雅，色彩鲜艳，纹饰繁缛，图案绚烂，具有极高的艺术价值。

◆ 战国龙蛇豆仿制件

15.6 厘米 ×14.4 厘米 ×24.5 厘米
木

漆木龙蛇豆为战国中晚期的盛食器，由盘、座、底三部分构成。此器最精妙之处在于，以盘踞于方形圆角壁状底板上的回首衔蛇蹲龙雕塑为座，以两只龙角、两只龙爪、一条龙头为支点，托起长方形圆角花口浅盘，整器因此而显得稳重大方又轻盈剔透。该器采用传统手工漆雕技法与现代彩绘工艺完美结合精制而成，具有造型奇特，工艺精湛、色彩丰富等特点，是馈赠亲友、居家装饰、收藏之佳品。

元青花四爱图梅瓶仿制件

42 厘米 ×23 厘米
瓷

梅瓶小口外撇，短颈丰肩，圈足平底。瓶身肩部饰凤穿牡丹；腹部分别绘王羲之爱兰图，陶渊明爱菊图，周敦颐爱莲图，林和靖爱梅、鹤图；下部饰仰覆莲纹，三层纹样以卷草纹、锦带为界。色彩白釉泛青，青翠艳丽，是元代青花瓷器中的珍品。该器由景德镇制瓷名师根据原件精心高仿而成，其造型、纹饰风格、青料发色为典型元青花特征，是不可多得的标准器和珍品。

◈ 清青花十二月令花神杯仿制件

35 厘米 ×23 厘米 ×9 厘米

瓷

这套青花十二月令花神杯杯身题写有以十二个月当令花卉为主题的咏赞诗句，杯底有“大清康熙年制”的楷书款，将诗、画、书法等多种艺术形式与瓷器工艺完美结合。

青铜工艺品系列

楚国拥有以铜绿山为代表的丰富铜矿资源，是楚国逐渐强大的重要战略物资基础，楚墓出土的大量青铜器足以说明这一点。楚国青铜器包括礼器、兵器、日常生活用具等，它们在形制、纹饰、铸造等方面都表现出浓郁的特色。《左传》载："国之大事，在祀与戎。"意思是说，在青铜时代，一个国家最重要的事情就是祭祀和战争，而这两件国家大事都离不开青铜。青铜礼器是贵族在祭祀、丧葬、朝聘、征伐、宴飨、婚冠等礼仪场合使用的，是统治阶级等级制度和权力的象征。湖北省博物馆馆藏青铜器品类多、纹饰精美，结合现代工艺，开发了诸多青铜类文创衍生品。

◆ 铜爵

◆ 铜盖豆

◆ 铜天兽御尊

◈ 铜甗

◆ 和谐飞凤

漆木器系列

中国漆器工艺是古老华夏文化宝库中一颗璀璨夺目的明珠，像陶瓷、丝绸一样，中国漆器是民族文化的瑰宝。漆器可以说是中国古代在化学工艺及工艺美术方面的重要发明。在内容丰富的云梦睡虎地秦简中，有关于漆园生产、天然漆原料运输和管理，以及各类器物生产标准化等方面严格制度的记载。自二十世纪五十年代以来，全国各地陆续有大量考古发掘出土的漆木器，尤其是湖北地区因其独特的地理环境，出土漆器数量大、品种多、造型美、彩绘精、保存好，以馆藏漆器为元素，湖北省博物馆设计生产了大量的漆木器文创衍生品。

东周先秦时期是髹漆工艺的一个发展高峰，湖北出土了大量漆木器，这些漆器装饰华美，并且不同类别的器物彩绘以不同的纹饰为主题，纹饰题材丰富，有动物纹样、植物纹样、几何纹样等；纹样繁复多变，有写实的，也有变形夸张的。色彩绚丽，多以红、黄、黑为主色调。此彩绘漆盘采用了本馆馆藏漆木器文物中具有代表性的凤鸟纹和云纹图案，更加突显其文化底蕴和欣赏价值，使产品的实用性和艺术性得到完美的融合。

◆ 原大彩漆鸳鸯盒

君幸酒

◆ 漆筷

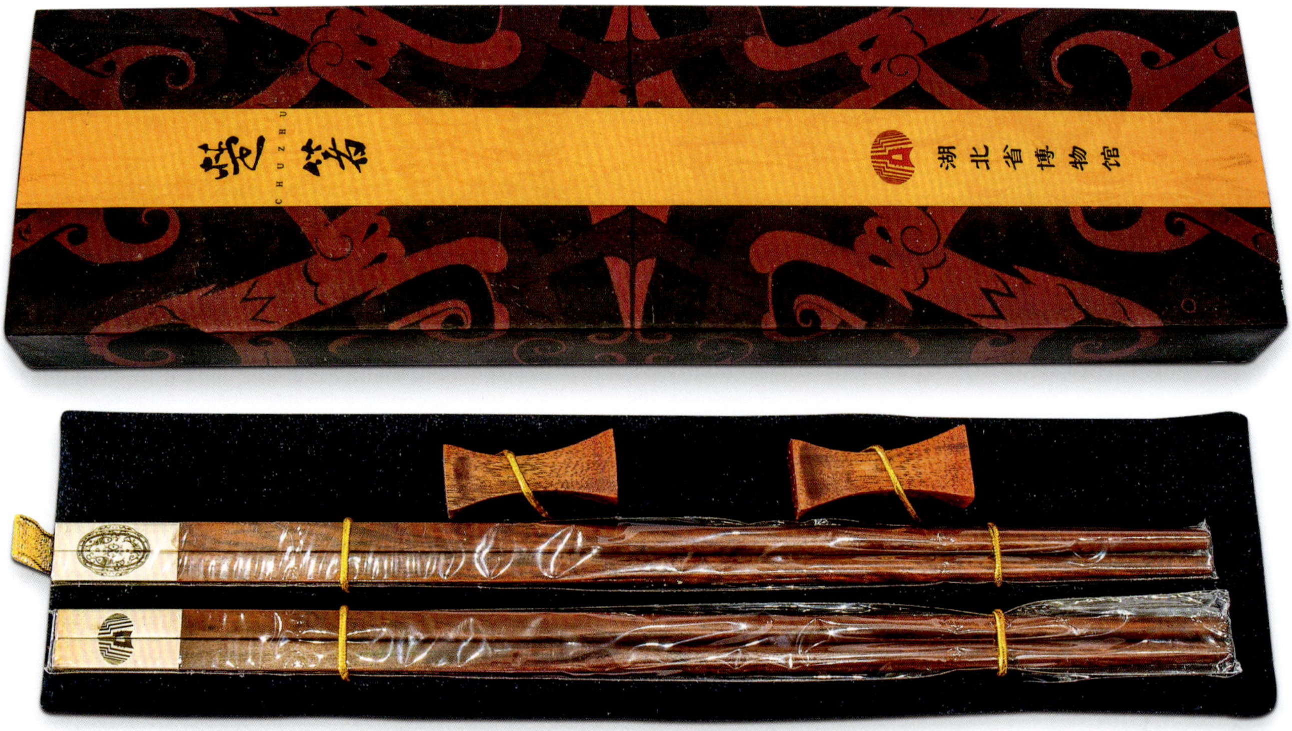

◆ 十二生肖黄杨木勺

◆ 紫檀、黄花梨系列越王剑书签

◆ 绿檀木梳套装

◆ 紫檀木梳 /U 盘

◆ 漆器三套盘

◆ 漆首饰盒

丝绸系列

我国手工业纺织历史悠久，是世界上最早生产丝织品的国家。商代就已经能生产丝织品。战国中期以后，楚国丝织业处于鼎盛时期。考古发现的楚国丝织实物可以证实，楚国的丝织和刺绣足以代表战国时期丝织工艺技术的最高水平。从出土实物来看，战国时期楚国在纺织工艺技术方面，诸如缫丝、纺纱、织造、染整等一整套的工艺技术和手工纺织机械都已经具备。江陵马山一号墓出土的大量丝织物，除少数生绢外，其余都是经过精炼的熟织物，有袍、衣袴、鞋、镜衣、棺罩、帛画等，仿佛打开了一座纺织品的地下宝库。以馆藏丝织品元素为创意来源，湖北省博物馆开发了丝巾、领带等衍生品百余种。

◈ 真丝领带

楚是尊凤的民族，集壮、美、奇于一身，令观者神往。凤是楚人的图腾，柔美且不失刚劲，象征楚人刚柔并济、一鸣惊人的精神特质。此系列领带选取富有荆楚文化特色的编钟、漆器等元素，与真丝柔滑袭人的质地完美融合，时尚、大气、富有冲击力。

◈ 素绉缎双面蟠龙飞凤纹长巾

175 厘米 ×57 厘米

素绉缎双面丝巾是将文物元素与时尚元素相结合的织锦配饰，丝巾纹饰分别选取自马山一号墓出土的蟠龙飞凤纹绣浅黄绢面衾和凤鸟花卉纹绣浅黄绢面棉袍，蟠龙飞凤纹以龙纹为主，凤鸟与双龙相衔，图案整体构思紧凑、充实，颜色配置协调，色调浓艳强烈，给人以华丽之感。凤鸟花卉纹图案则以三头鸟凤和花枝组成，神异灵怪，色彩典雅。

◆ 素绉缎双面凤鸟花卉纹长巾

◆ 素绉缎龙凤虎纹大方巾

◆ 素绉缎彩绘变形鸟大方巾

真丝抱枕

◆ 真丝睡衣

◆ 真丝披肩

◆ 真丝睡袍

◆ 真丝围巾

◆ 真丝卡包

◆ 真丝眼罩

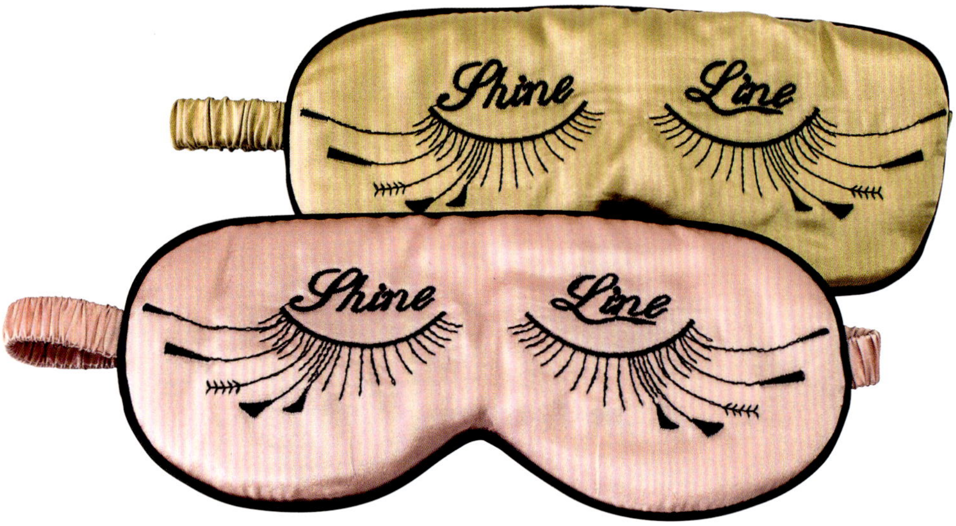

◆ 真丝颈枕

文具系列

随着大众旅游和全民休闲的兴起，具有文化内涵而又实用的文化类产品受到大家的喜爱和追捧，湖北省博物馆研发的文具系列产品集艺术性、娱乐性、实用性于一体，推出了手账本、封卡便签、智力拼图、魔方和纸胶带等多种产品，以满足观众的审美和收藏需求。

◆ 文房珍宝

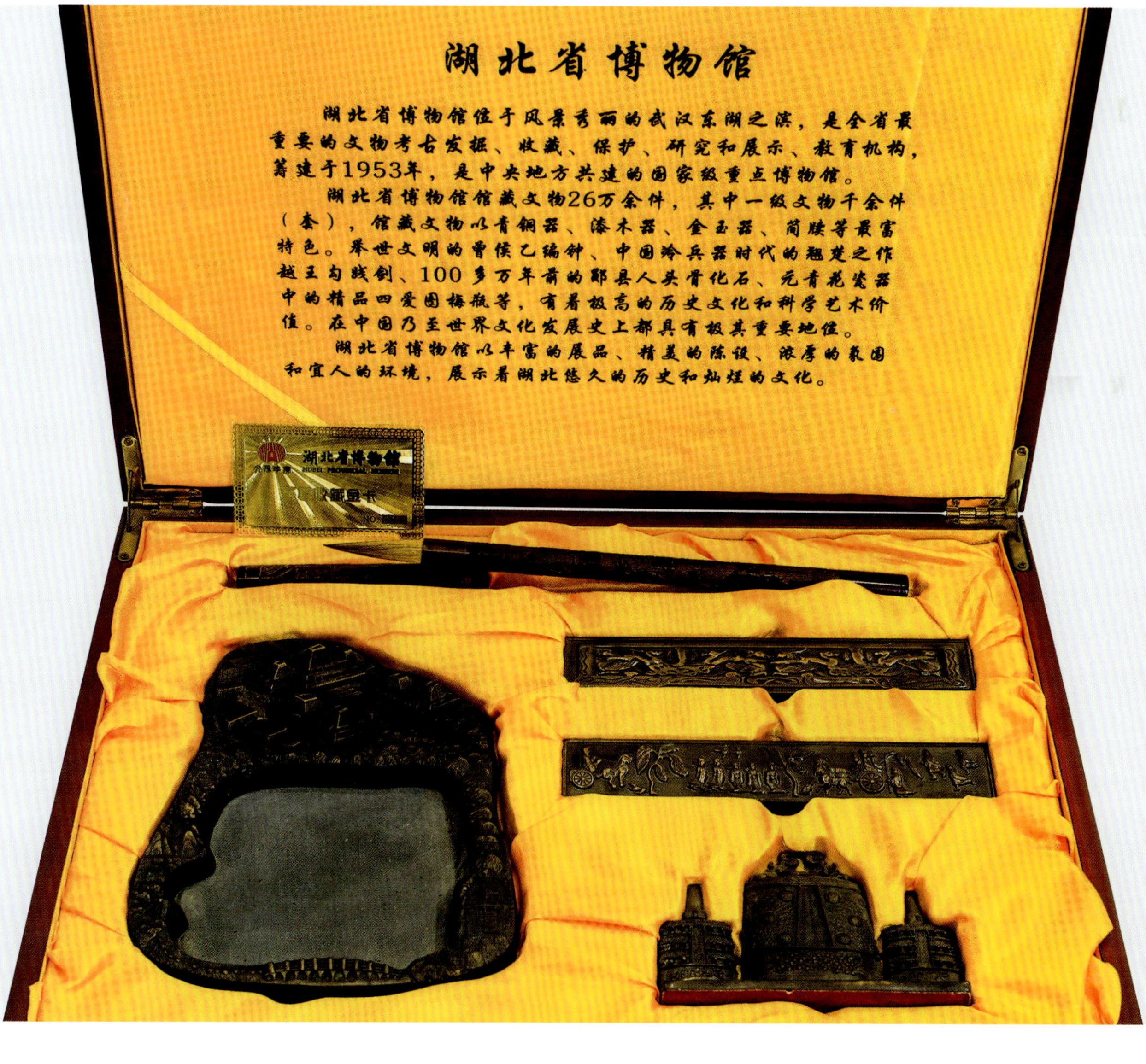

◆ 编钟笔筒

◆ 木嵌金属笔筒及名片盒

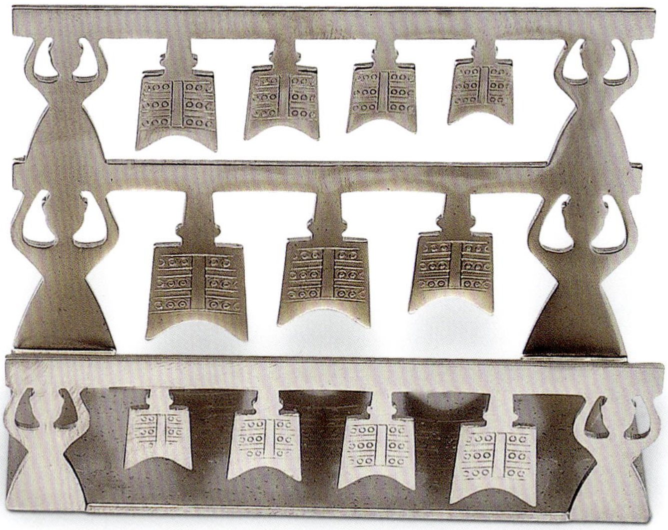

◆ 文创笔

湖北省博物館
HUBEI PROVINCIAL MUSEUM

◆ 越王勾践剑书签

楚·铜
尺子书签

湖北省博物館
HUBEI MUSEUM
金属书签
Metal bookmarks

湖北省博物館
HUBEIMUSEUM
书 签
Bookmark

◆ 金属书签

湖北省博物馆
HUBEIMUSEUM
金属书签
Metal bookmarks

湖北省博物馆
HUBEIMUSEUM
金属书签
Metal bookmarks

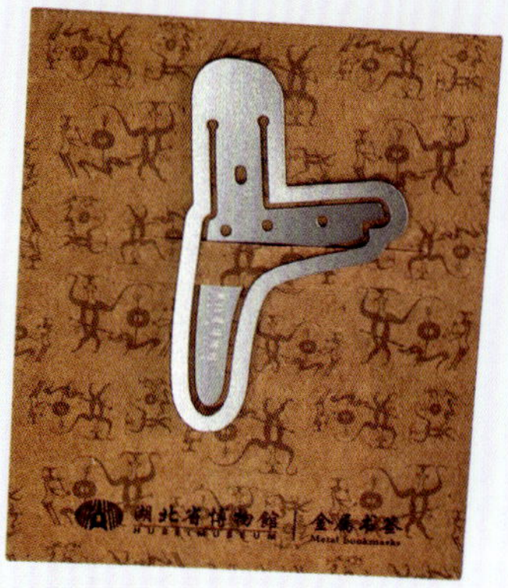

◆ 四爱图梅瓶书签

◆ 萌宠书签

◆ 虎座鸟架鼓吊链书签

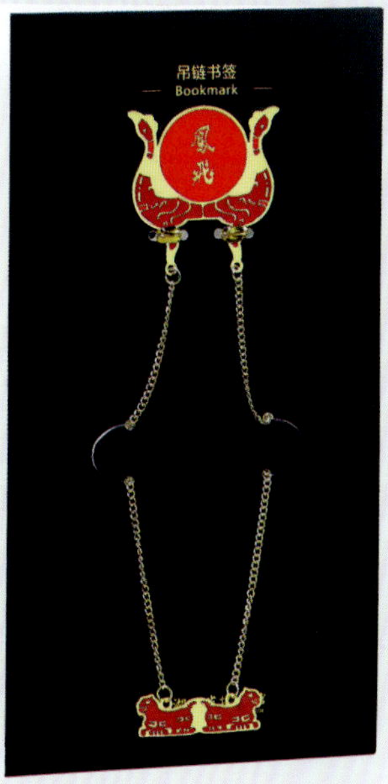

◆ 竹简书签

◆ 金属镂空书签组合

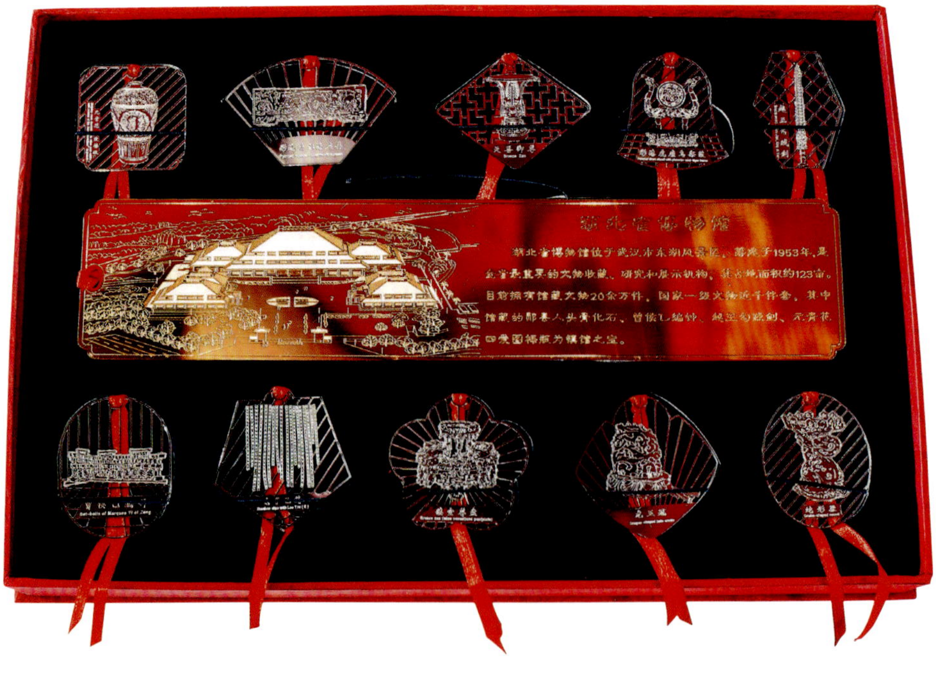

◆ 缤纷记事本

湖北省博物館
PROVINCIAL MUSEUM
HUBEI
Design sketch
HUBEI PROVINCIAL MUSEUM
PROVINCIAL MUSEUM

◆ 手账本

◆ 和纸胶带

国家宝藏系列·和纸胶带
金玉良缘
篆书韩诗外传语
云梦睡虎地秦简·和纸胶带
越王勾践剑·和纸胶带
曾侯乙编钟
祥云福鹿纹

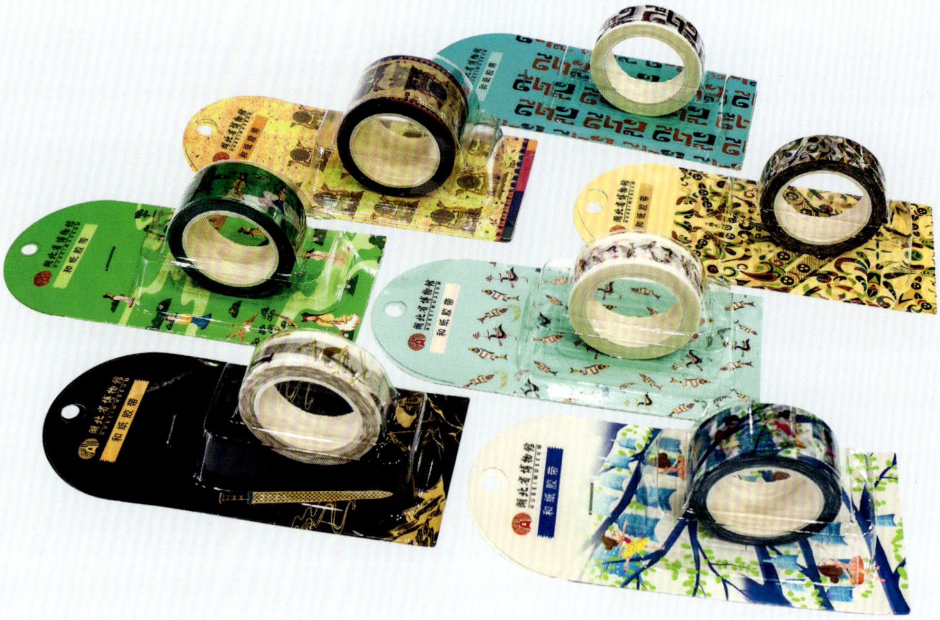
湖北省博物馆
和纸胶带

◆ 便签纸

◆ 文具组合

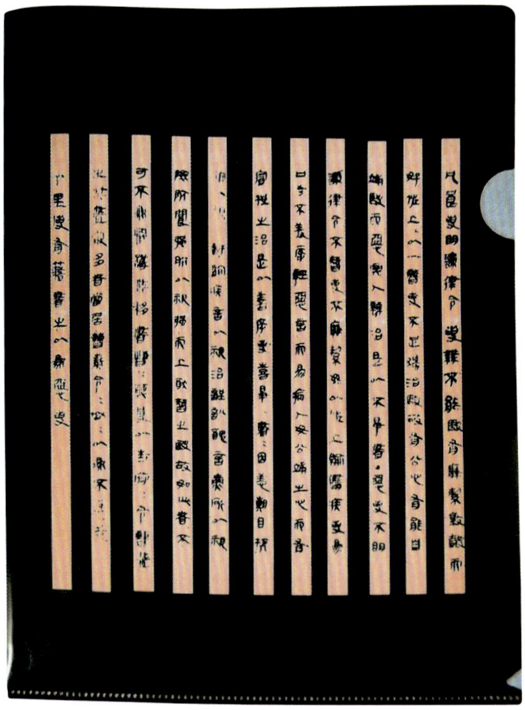

益智游戏系列

◆ 益智魔方

◆ 文物图案扑克

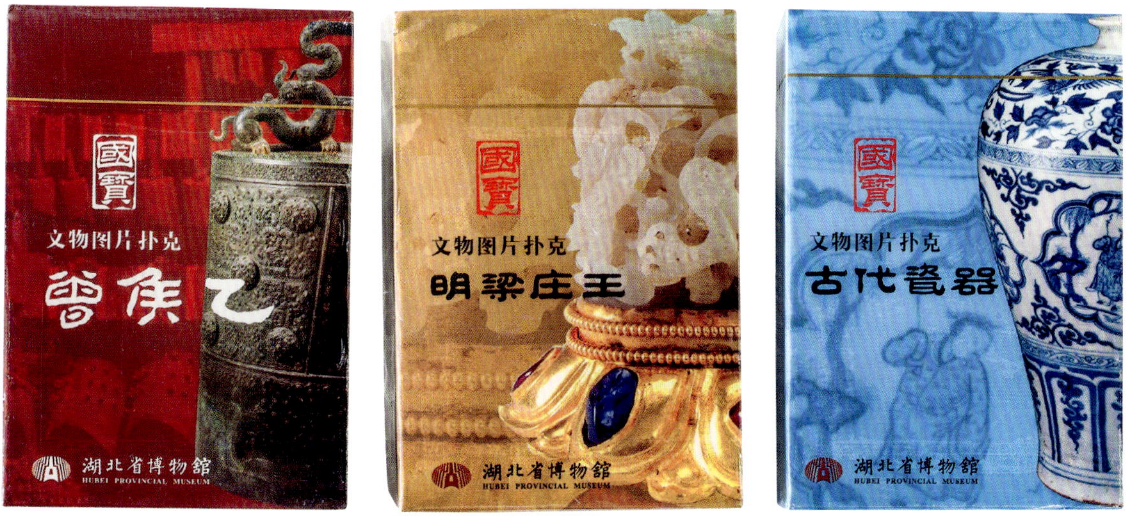

◆ 万里茶道飞行棋

◆ “楚随交锋”飞行棋

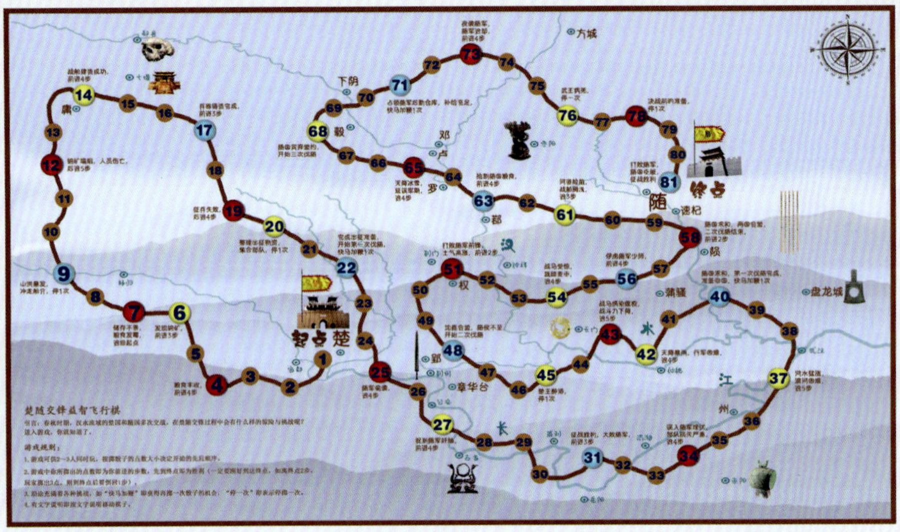

起点 楚
终点
随
楚随交锋益智飞行棋

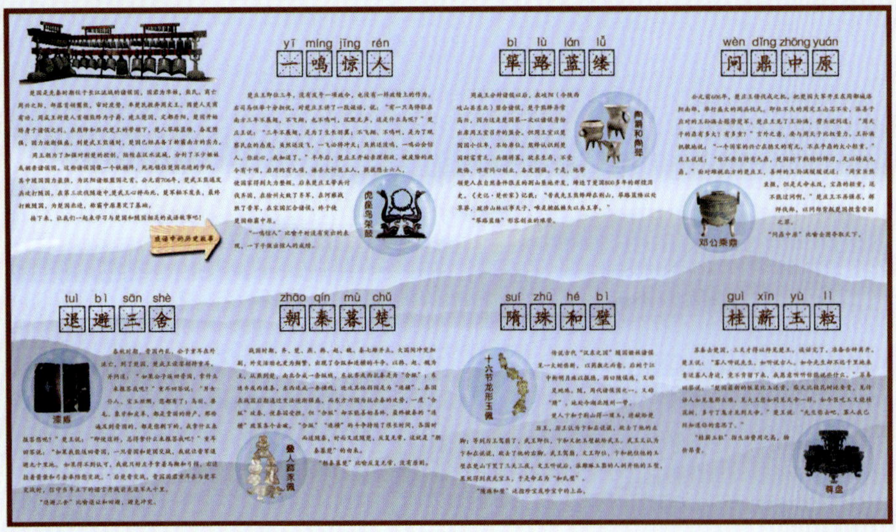

yī míng jīng rén
一鸣惊人
bì lù lán lǚ
筚路蓝缕
wèn dǐng zhōng yuán
问鼎中原
tuì bì sān shè
退避三舍
zhāo qín mù chǔ
朝秦暮楚
suí zhū hé bì
隋珠和璧
guì xīn yù lì
桂薪玉粒

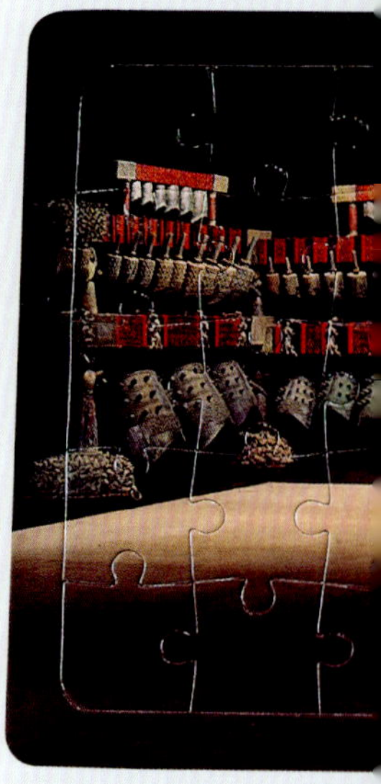

◆ 梁庄王墓考古金锭

◆ 文物拼图

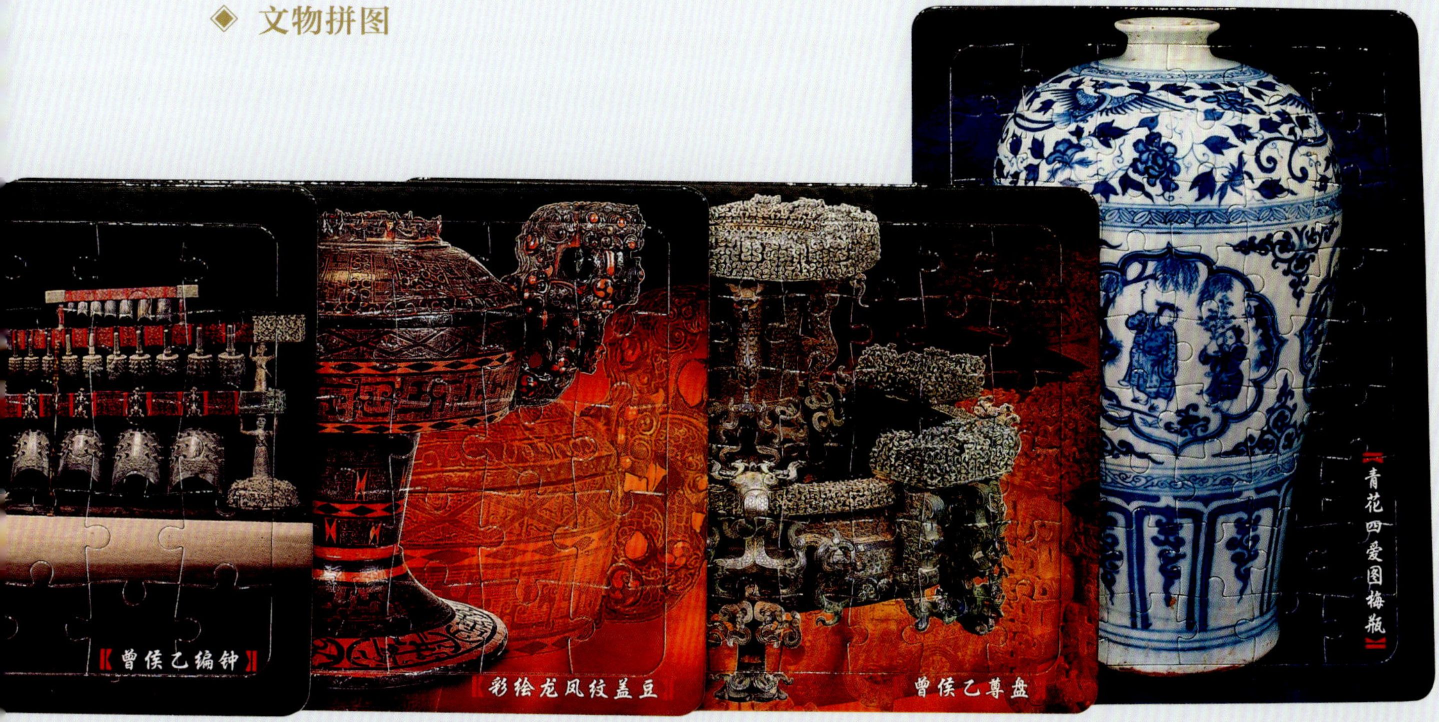

首饰系列

曾侯乙墓和梁庄王墓出土了大量的金、玉器。出土的玉器温润、细腻，雕刻技艺精湛，包括浮雕、透雕等多种技法。金器熠熠生辉，珠光宝气，玲珑剔透。湖北省博物馆根据这些珍贵、精美的文物，结合时尚、实用、传承的设计理念，设计编钟、越王剑、梁庄王等几大系列金玉器首饰，深受广大消费者的喜爱。

◈ 越王剑菱形纹系列首饰

◆ 银质系列首饰

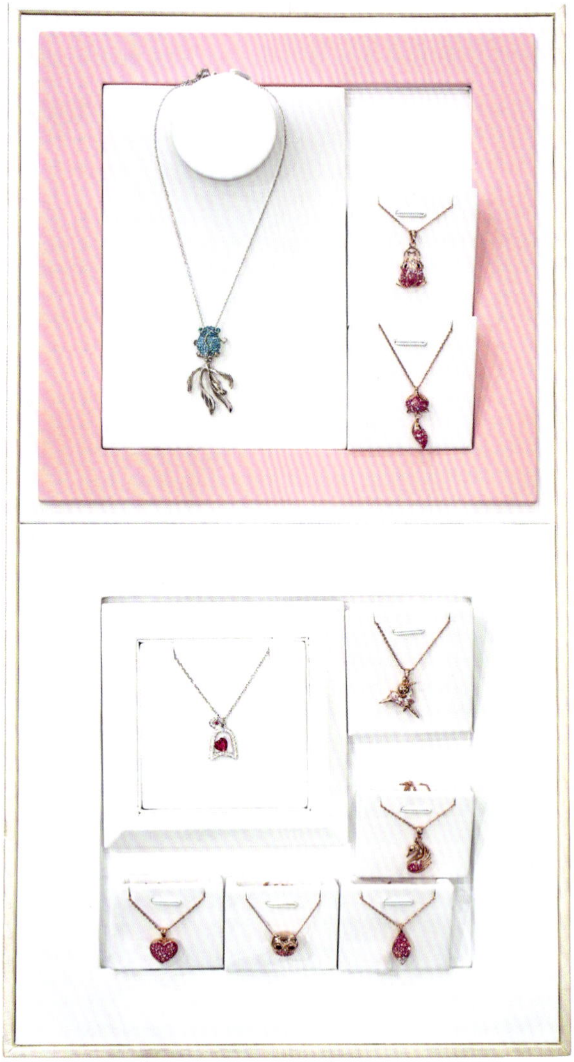

◆ 曾侯乙系列袖扣

◆ “钟爱一生”编钟系列首饰

◆ 玉凤项链

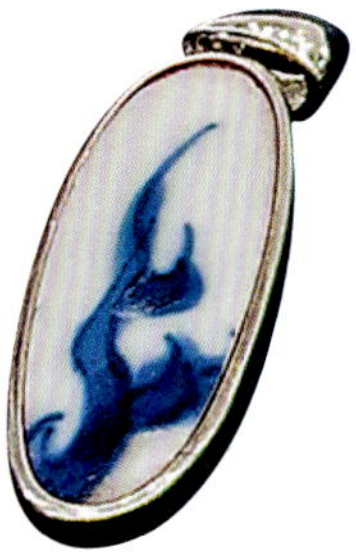

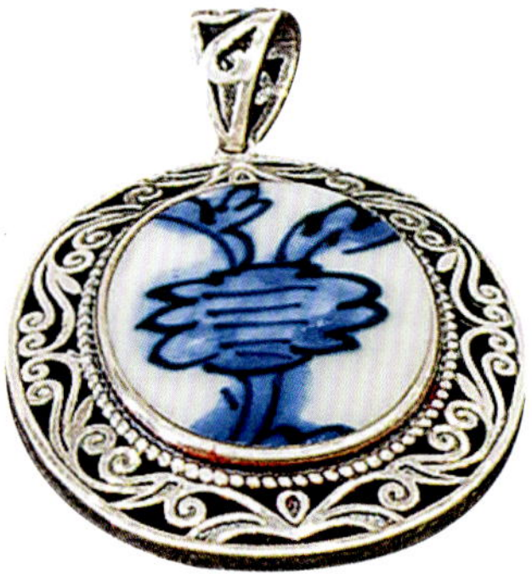

食品系列

◈ 越王勾践剑考古巧克力

◆ 云梦睡虎地秦简饼干

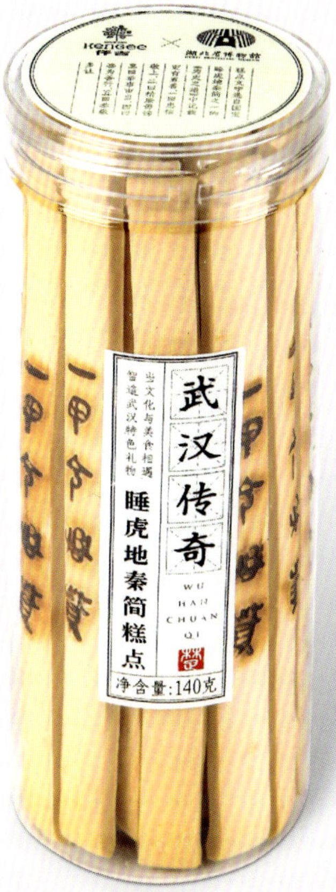

◆ 礼乐钟磬绿豆糕

◆ 武汉传奇国宝礼盒

武汉传奇
LEGEND OF WUHAN
武汉传奇

◆ 糕点

◆ 万里茶道系列砖茶

湖北省博物館
HUBEI PROVINCIAL MUSEUM
赤壁青磚茶
净含量：1700g

湖北省博物館
HUBEI PROVINCIAL MUSEUM
青磚茶
中華老品牌
湖北赤壁赵李桥茶叶有限公司
净含量:1.7kg

湖北省博物館
HUBEI PROVINCIAL MUSEUM
万里茶道
青磚之源 萬里茶道

非遗系列

◆ 漆吊坠

◆ 漆盘

◆ 叶画

◆ 烙画

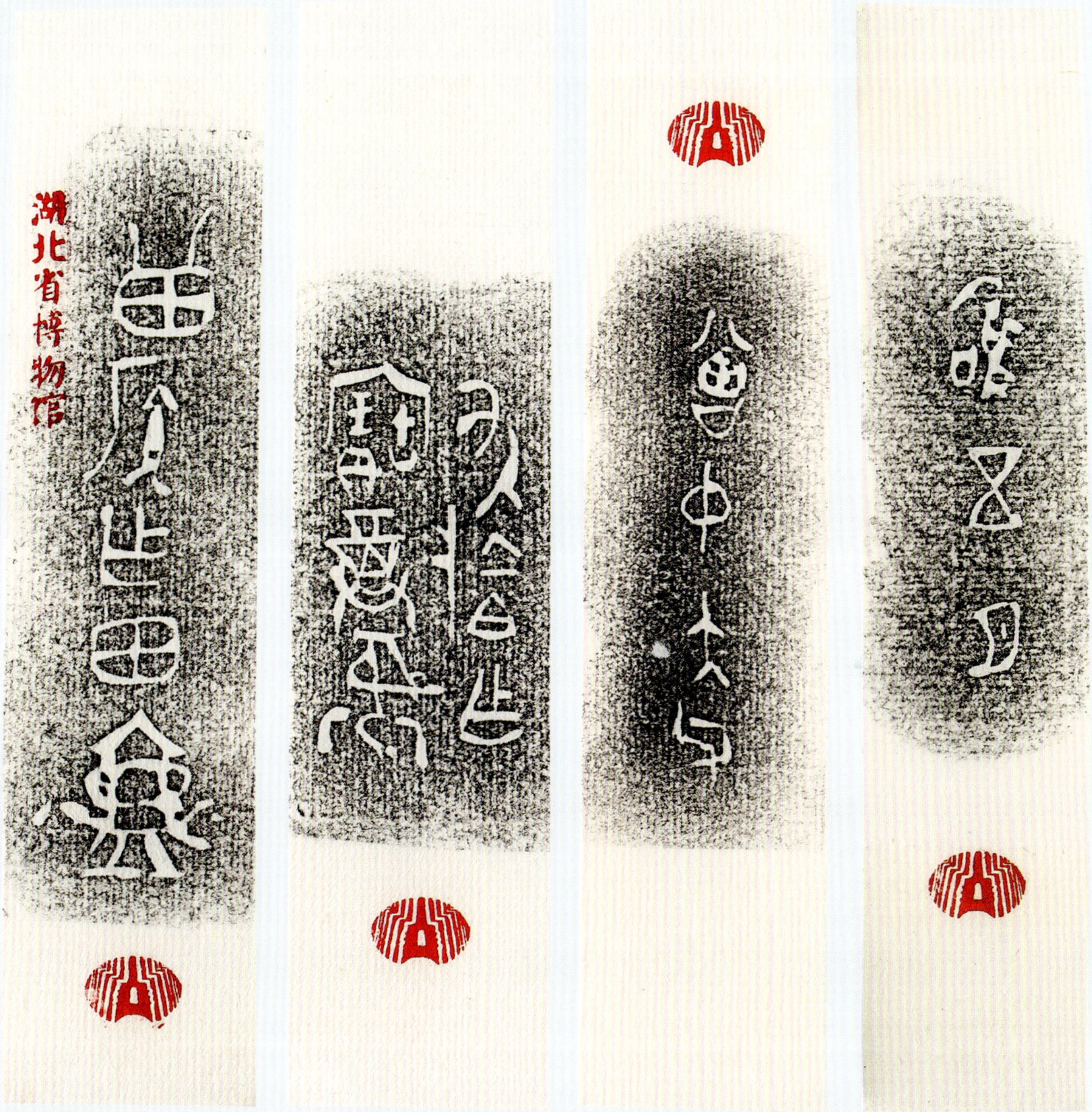
湖北省博物馆

◈ 楚香

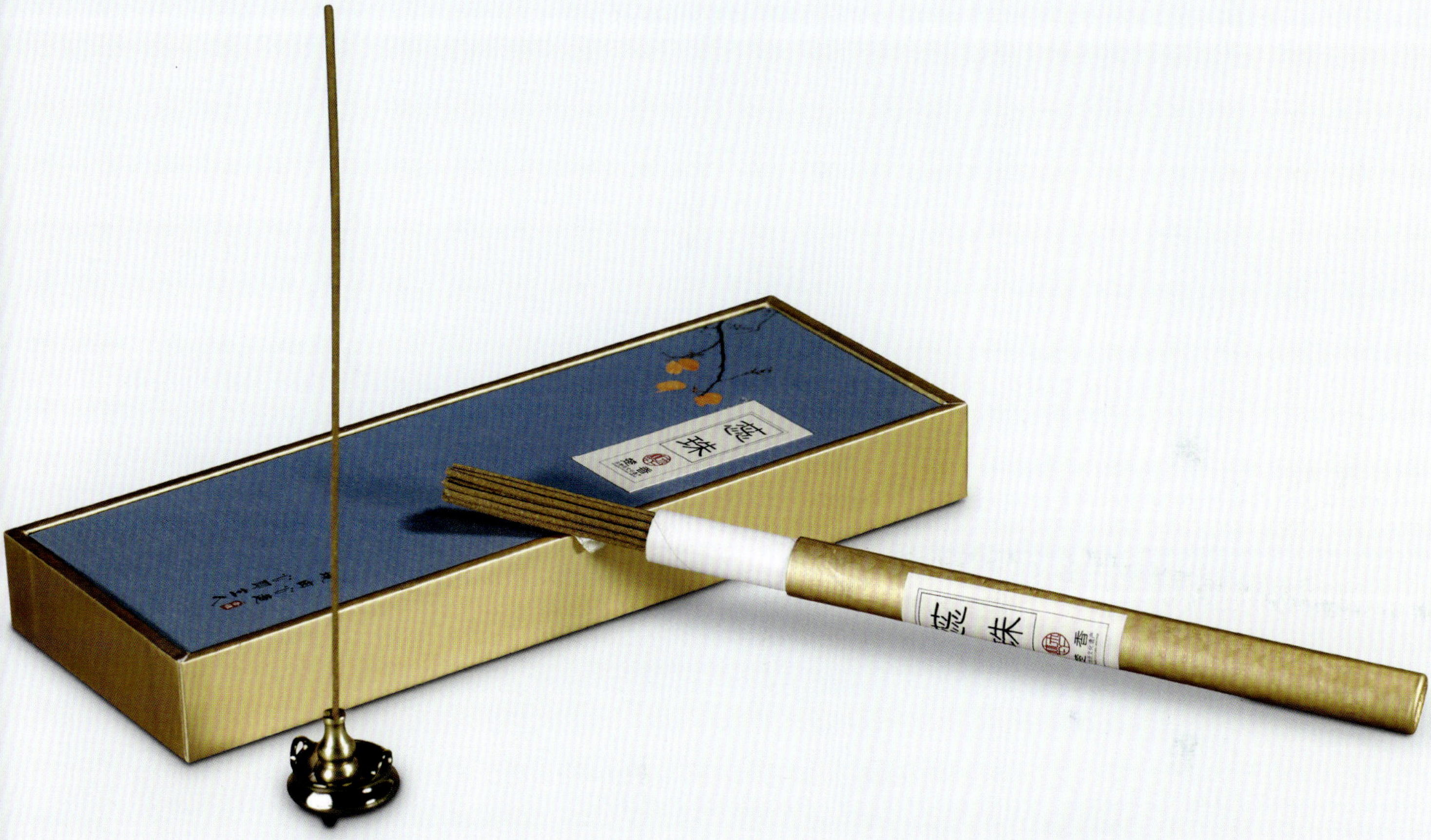
蕊珠

家居生活系列

将传统文化元素与现代生活有机结合是博物馆人开发文化产品的宗旨，湖北省博物馆依托馆藏文物开发小工艺品、家居产品来满足消费者的生活需求为己任，设计制作了大量美观又实用的产品，深受广大观众的青睐。

◆ 卫衣

culture
Classical
museum
traditional
PROVINCIAL MUSEUM
HUBEI

◈ 棒球帽

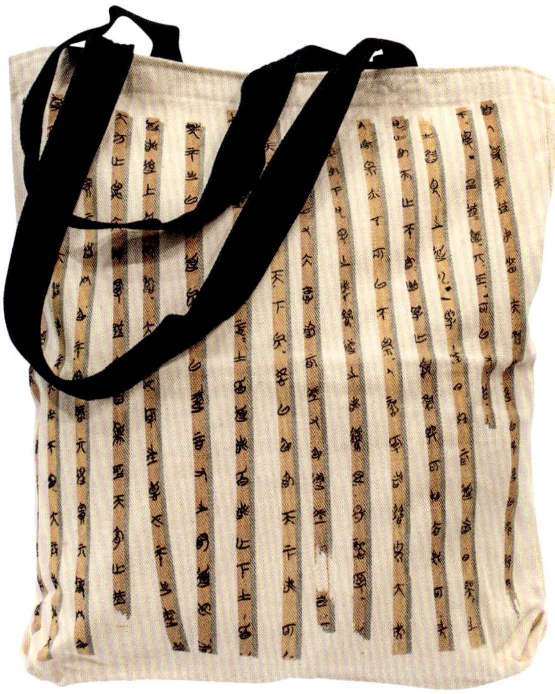

楚博汇
罗
牧
墨笔山水图

車馬出行

◆ 钥匙扣系列

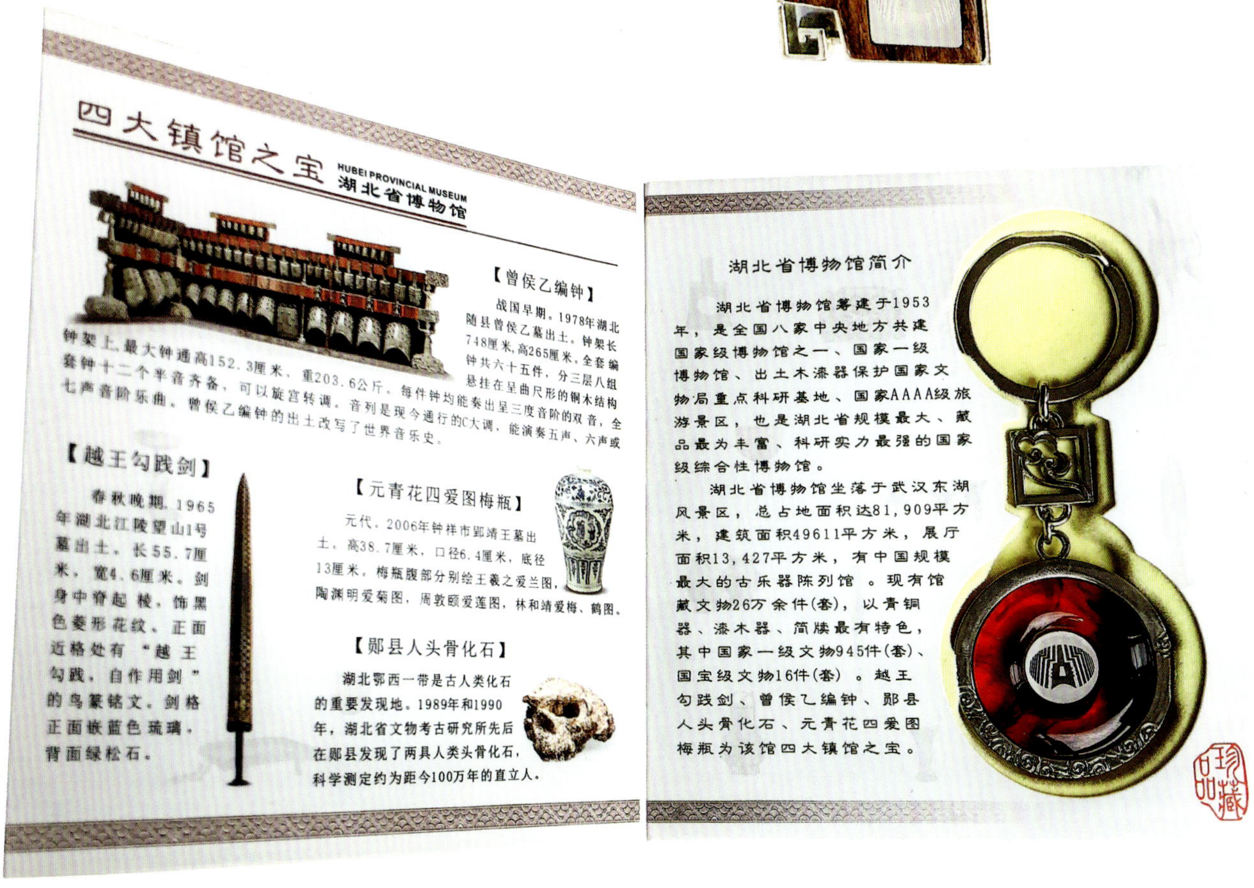
四大镇馆之宝
HUBEI PROVINCIAL MUSEUM
湖北省博物馆
【曾侯乙编钟】
战国早期。1978年湖北随县曾侯乙墓出土。钟架长748厘米，高265厘米。全套编钟共六十五件，分三层八组悬挂在呈曲尺形的铜木结构钟架上。最大钟通高152.3厘米，重203.6公斤。每件钟均能奏出呈三度音阶的双音，全套钟十二个半音齐备，可以旋宫转调。音列是现今通行的C大调，能演奏五声、六声或七声音阶乐曲。曾侯乙编钟的出土改写了世界音乐史。
【越王勾践剑】
春秋晚期。1965年湖北江陵望山1号墓出土。长55.7厘米，宽4.6厘米。剑身中脊起棱，饰黑色菱形花纹。正面近格处有“越王勾践，自作用剑”的鸟篆铭文。剑格正面嵌蓝色琉璃，背面绿松石。
【元青花四爱图梅瓶】
元代。2006年钟祥市郢靖王墓出土。高38.7厘米，口径6.4厘米，底径13厘米。梅瓶腹部分别绘王羲之爱兰图，陶渊明爱菊图，周敦颐爱莲图，林和靖爱梅、鹤图。
【郧县人头骨化石】
湖北鄂西一带是古人类化石的重要发现地。1989年和1990年，湖北省文物考古研究所先后在郧县发现了两具人类头骨化石，科学测定约为距今100万年的直立人。
湖北省博物馆简介
湖北省博物馆筹建于1953年，是全国八家中央地方共建国家级博物馆之一、国家一级博物馆、出土木漆器保护国家文物局重点科研基地、国家AAAA级旅游景区，也是湖北省规模最大、藏品最为丰富、科研实力最强的国家级综合性博物馆。
湖北省博物馆坐落于武汉东湖风景区，总占地面积达81,909平方米，建筑面积49611平方米，展厅面积13,427平方米，有中国规模最大的古乐器陈列馆 。现有馆藏文物26万余件(套)，以青铜器、漆木器、简牍最有特色，其中国家一级文物945件(套)、国宝级文物16件(套) 。越王勾践剑、曾侯乙编钟、郧县人头骨化石、元青花四爱图梅瓶为该馆四大镇馆之宝。

◆ 国宝姓氏书签

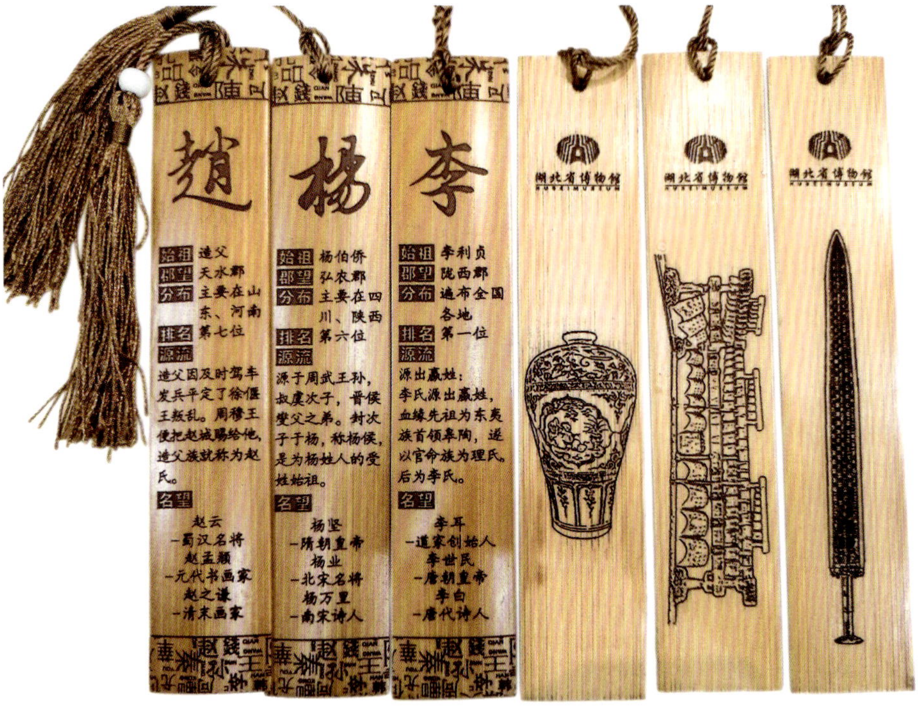

◆ 汉水 1906 瓶装水

◆ 杯垫

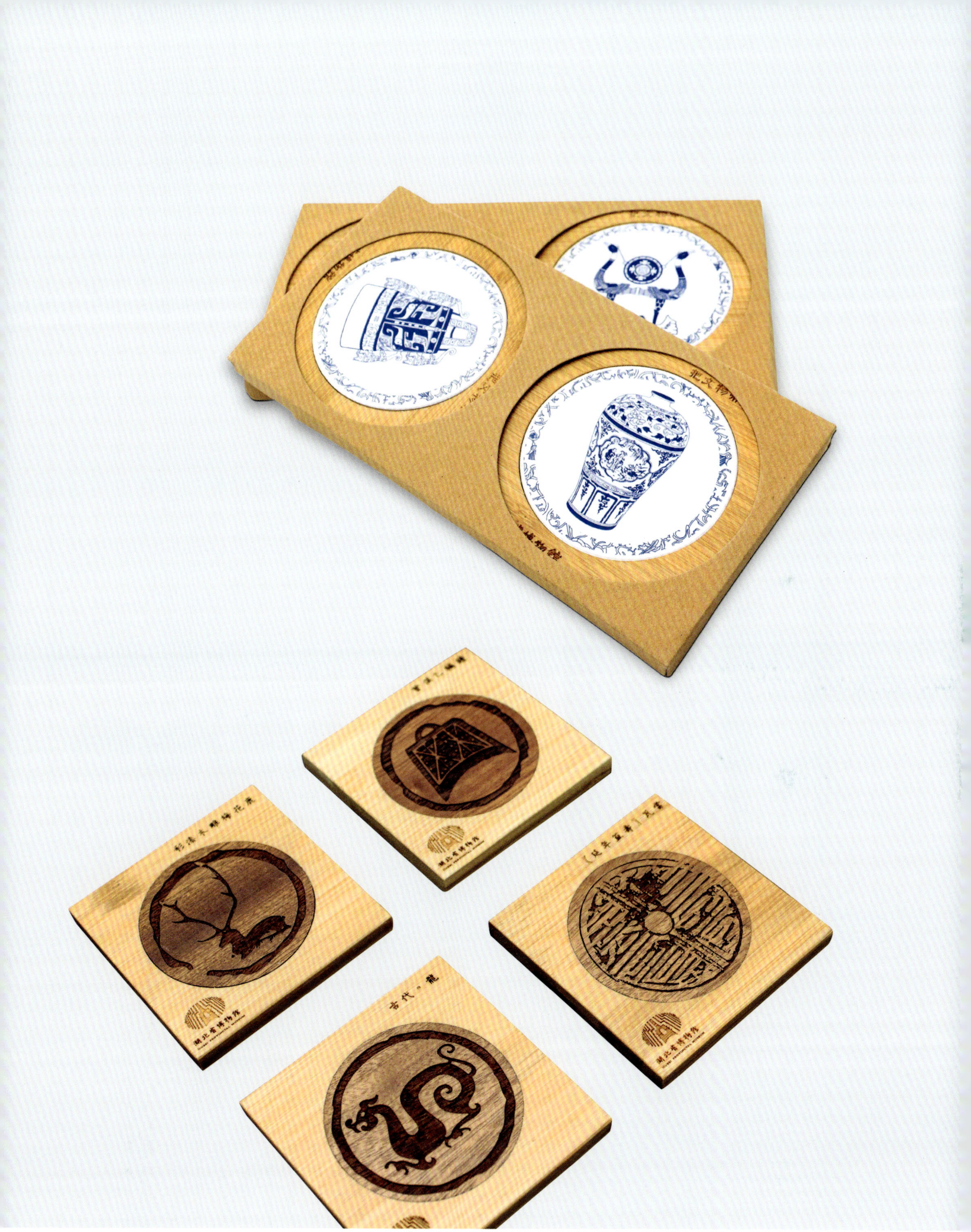

◆ 雨伞

湖北省博物館
HUBEI PROVINCIAL MUSEUM

湖北省博物館
HUBEI PROVINCIAL MUSEUM

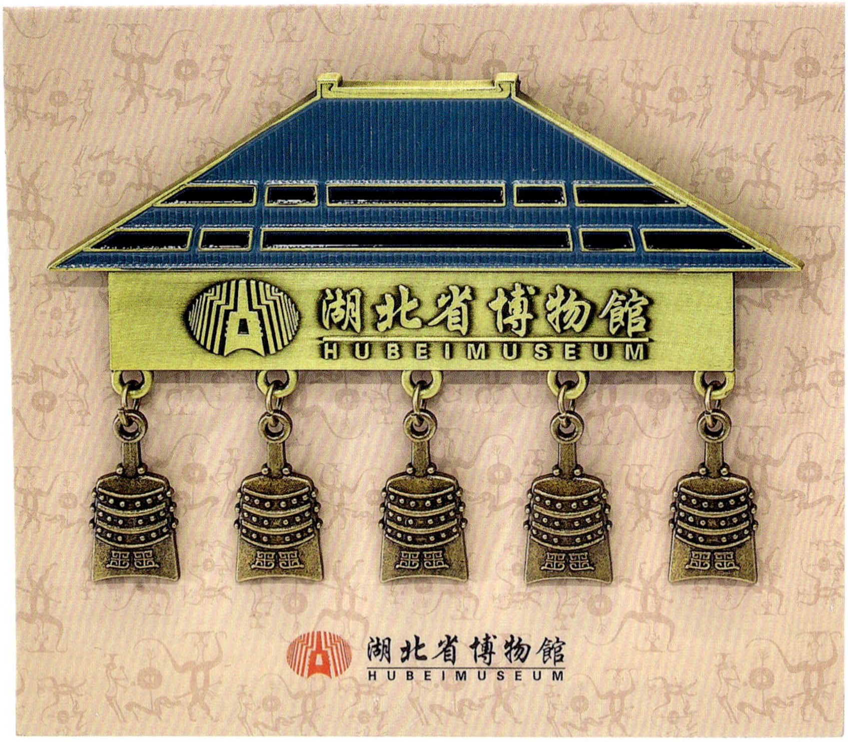
湖北省博物館
HUBEIMUSEUM
湖北省博物館
HUBEIMUSEUM

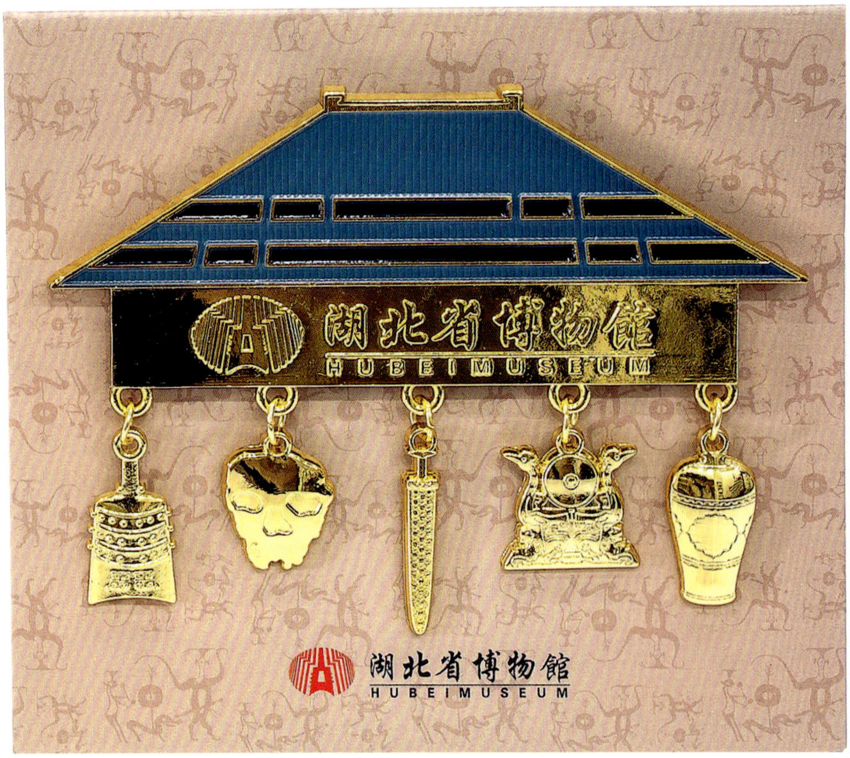
湖北省博物館
HUBEIMUSEUM
湖北省博物館
HUBEIMUSEUM

Glass Magnetics
湖北省博物館
HUBEI PROVINCIAL MUSEUM

Glass Magnetics
湖北省博物館
HUBEI PROVINCIAL MUSEUM

HUBEIMUSEUM

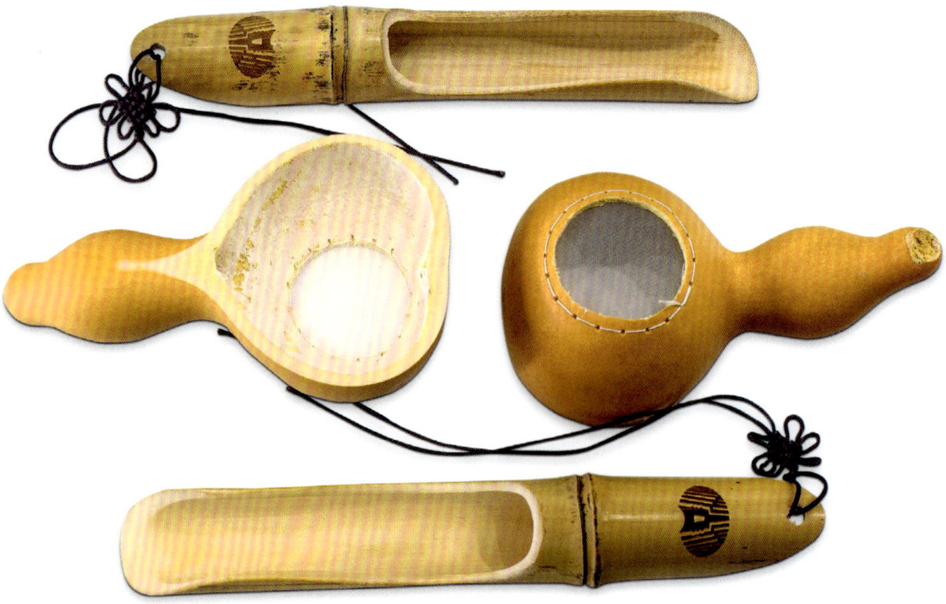

◆ 团扇

◆ 越王勾践剑烟灰缸

湖北省博物館
HUBEI PROVINCIAL MUSEUM

◆ 熏香筒

◆ 玉车挂饰

◆ 怀表

◆ 化妆镜

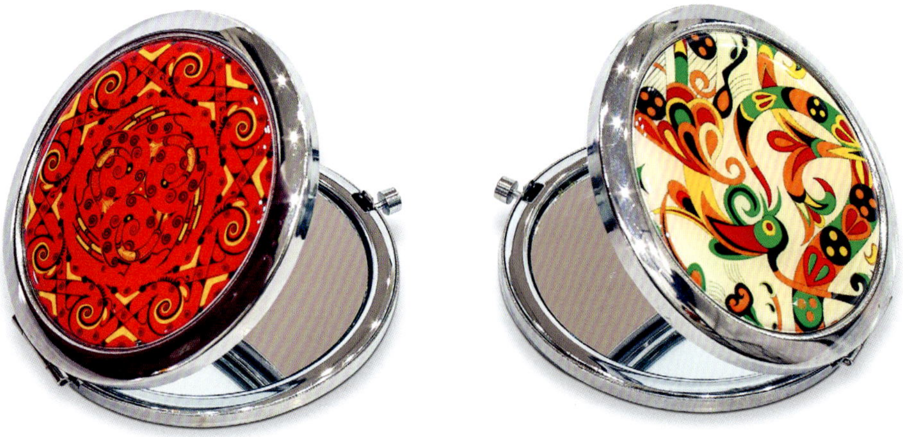

◆ 虎座鸟架鼓钥匙扣

◆ 编钟蓝牙音响

◆ 车马出行图充电宝

◆ 音乐文物台历

◆ 馆藏文物元素系列明信片

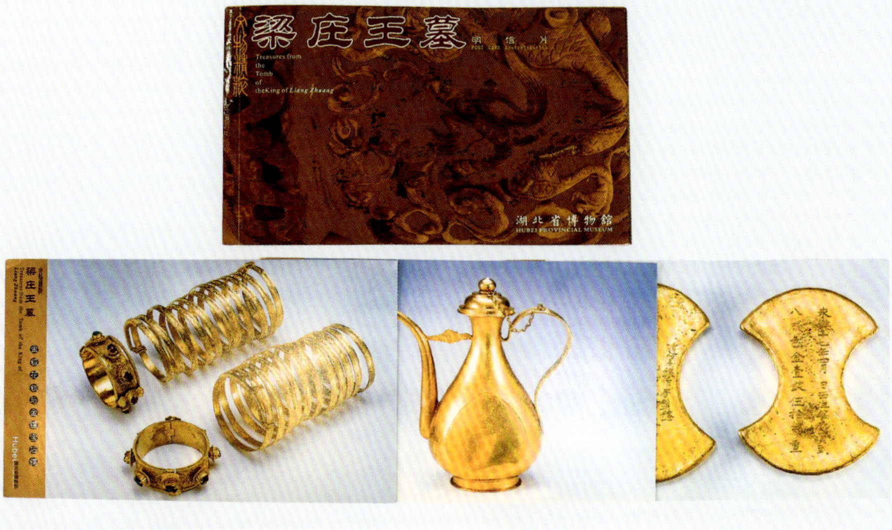

曾侯乙编钟 Chime Bells of Zenghouyi Tomb

出版物系列

湖北省博物馆根据已推出的基本陈列展览，先后出版了包括不同语种的图书和画册；同时，配合临时展览也编辑出版了相应的图册，并利用博物馆馆藏文物的特色开发了多种形式的音像、影音制品，诸如DVD 、CD、AVR、明信片等，以满足广大读者需求。

◆ 出版物系列

TREASURES
UNEARTHED
FROM HUBEI
Hubei Provincial Museum

绽放荆楚 传承文明
走进湖北省博物馆
湖北省博物馆 主编

荆楚考古探秘丛书
王室遗珍现形记
明代梁庄王墓发掘实录
揭开考古背后的神秘面纱
讲述文物蕴藏的文化故事
梁柱 杨蕾 著
湖北教育出版社

楚天英杰
湖北近现代人物画传
Luminaries of Hubei
Figure Album of Modern Times in Hubei
屈家岭
长江中游的史前文化
Qujialing
Prehistoric Culture in the Middle Reaches of the Yangtze
秦汉漆器
长江中游的髹漆艺术
Lacquered Articles in the Qin and Han Dynasties
郧县人
长江中游的远古人类
Yunxian Man
Prehistoric People in the Middle Reaches of the Yangtze
书写历史
战国秦汉简牍
Writing History
古代瓷器
湖北省博物馆藏瓷器选
Ancient Porcelain
明清书画
湖北省博物馆藏书画选

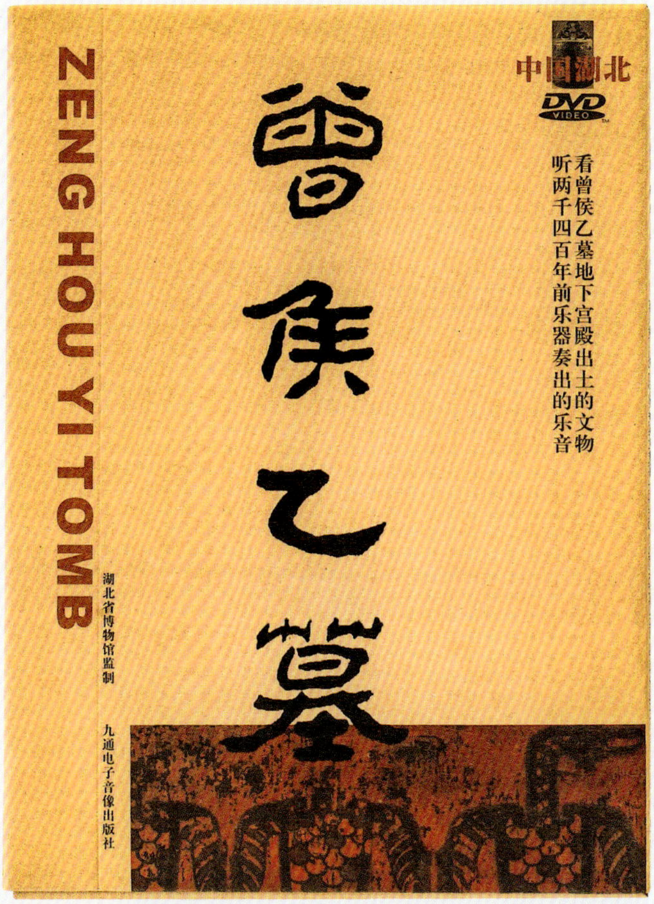

ZENG HOU YI TOMB
曾侯乙墓
中国湖北
DVD VIDEO
看曾侯乙墓地下宫殿出土的文物
听两千四百年前乐器奏出的乐音
湖北省博物馆监制
九通电子音像出版社

CRC
CCD-89/28
公元前四三三年左右
UNQUE MUSIC OF GREAT ANTIQUITY
Chime Bells unearthed from the Tomb
of Marquise Yi of the Zeng State (About 433 B.C.)
AIR ORIGINAL DES CARILLONS ANTIQUES
exhumes au tombeau du marquis Yi de
la principaute Zeng (environ 433 avant J.C.)
Das Bronzeglockenspiel aus dem Grab der
Füstin Yi aus dem Reich Zeng (etwa 433v.u.z.)
湖北省博物館、中國唱片總公司録制
中國唱片總公司出版發行
Recorded by the Hubei Provincial Museum and the China Record Corporation
Manutured and distributed by the China Record corporation
1989 CHINA RECORD CORPORATION. 版權所有 翻錄必究

编钟乐舞

湖北省博物馆编钟乐团成立于20世纪80年代末，以曾侯乙编钟复制件为主，配上磬、建鼓、悬鼓，加以埙、筝、琴、排箫、笙、阮、篪等乐器构成一个完整的“殿堂乐队”。湖北省博物馆重点打造的“千古绝响——曾侯乙编钟音乐会”一直是本馆重点特色文创品牌，也一直致力于扩大编钟乐团影响力。为提升乐团演出水平，湖北省博物馆与武汉音乐学院、腾讯公司和知名音乐人诸如谭盾等合作，先后排练了各类曲目30余首。每天在馆内演奏厅举行演出，先后参加了香港回归、日本国际音乐节、美国旧金山黑鹰博物馆庆典演出等，所到之处获得了各界人士的一致好评，扩大了中国礼乐文化的影响，向世界呈现了一张靓丽的文化名片。近年来，为扩大传统文化在青年群体中的影响力，湖北省博物馆与腾讯等著名互联网企业合作，为“地下城与勇士”手游打造主题曲“风一样的勇士”，在传统与现代的结合、博物馆与互联网的跨界融合等方面做出了有益的尝试。

◆ 编钟乐团与著名音乐人谭盾合作为
1997 年香港回归庆典演出排练

◆ 编钟乐团与著名舞蹈家黄豆豆等合作在日本东京国际音乐节演出

◈ 被评为武昌区非遗项目的大型编钟乐舞

◆ 编钟乐团赴美国黑鹰博物馆交流演出

◆ 湖北省博物馆编钟乐团演奏“地下城与勇士”手游主题曲“风一样的勇士”

编钟国乐版《风一样的勇士》是将湖北省博物馆藏“曾侯乙编钟”及民族特色乐器磬、瑟、笛、埙、排箫等传统文化元素与 DNF 年轻元素创新融合所打造的“新文创”产品，以编钟和编磬为主体，古筝与瑟负责和声的构造与旋律的色彩；竹笛、萧、埙主要负责旋律色彩与辅助情绪的推动。传统文化的传承，时代浪潮下的新鲜血液，全新的碰撞带来的是历史与艺术的延续，也是 DNF 在新文创的探索与尝试。旨在通过时下年轻人最喜欢的元素与中国传统文化结合，探索传统文化和新时代文化圈层碰撞，用潮流游戏诠释传统文化之美。

DNF
文化大师
国创接力

湖北省博物館

文创探索

让博物馆活起来　把博物馆记忆带回家

杨　蕾

内容摘要：博物馆文创产品以其特有的优势，有效的传播方式，丰富了博物馆传播的手段，提升了传播效果。本文结合近几年的一些实践，就文创产品定位、文创产品研发、如何让文物活起来？让观众把博物馆记忆带回家等问题提出一些浅见。

关键词：博物馆　传播　文创产品　研发　营销　文物活起来

2014 年 3 月国务院印发的《关于推进文化创意和设计服务与相关产业融合发展的若干意见》中提出，坚持保护传承和创新发展相结合，促进艺术衍生产品、艺术授权产品的开发生产。国家文物局于 2015 年 3 月颁布的《博物馆条例》明确鼓励文博事业单位要大力发展文化创意产业。尤其令人振奋的是，国务院办公厅 2016 年转发文化部、国家发展改革委、财政部、国家文物局等部门《关于推动文化文物单位文化创意产品开发的若干意见》，对推动博物馆、美术馆、图书馆等文化文物单位文化创意产品开发工作作出部署，随后又颁布了《国务院关于进一步加强文物工作的指导意见》，明确提出了要“大力发展文博创意产业”。习近平总书记在不同场合多次要求：“要系统梳理传统文化资源，让收藏在禁宫里的文物、陈列在广阔大地上的遗产、书写在古籍里的文字都活起来。”

宏观政策的密集出台，进一步激发了市场潜能，优化了产业结构，为培植新经济增长点注入了活力，并成为博物馆文化产业发展的坚强后盾与发展风向标。对我国而言，文化产业、旅游产业已成为新的经济增长点，市场需求潜力巨大，辐射带动能力强。以文化创意（创造力）为核心及动力的文化产业驶入了快车道。

一、文创产品的界定

“文创产品”是“文化创意产品”的简称。一般认为，文创产品是指创意人员利用一定的文化资源，通过其创造性劳动，综合运用知识产权等工具和现代科技手段而生产出的具有较高附加值的文化产品，其核心是“创意”。具体到博物馆来说，博物馆的文物藏品不仅承载民族的历史记忆，激发人们的想象力和创造力，同时也是一种文化符号和信息载体，需要我们来保护、研究和传播。博物馆在运营过程中产生的陈列展览、研究论文、资料、照片、考古记录、发掘报告、各种数据库等，以及由此衍生而来的各种信息都属于文化资源。它们是博物馆工作者运用自身的知识和各种资源对文物信息进行解读，并经过创造性劳动而转化的成果，具有一定原创性、思想性与价值特征。在坚持博物馆基本使命和职能的前提下，充分利用这些文化资源，经过创意人员的创新性劳动，运用科技手段对这些原生态的文化资源要素进行再创造与再提升，就有可能生产出具有一定知识产权和较高附加值的文化产品。由此，我们可将博物馆文创产品概括为以传播与弘扬先进民族文化和价值观为核心，以满足社会公众个性化文化需求、推动社会发展为导向，以文物藏品信息、历史文化知识、文物科学研究成果及其衍生品的创新性加工、利用为基础，以现代高新科技，特别是大规模复制和传播技术的应用为基本手段，通过市场活动实现文化价值与经济价值相互转化的特殊商品。

二、文创产品是满足公众文化需求的有效途径

当今博物馆的重要职能之一就是传播优秀的历史文化知识，博物馆传播从本质上来说是一种文化的辐射与扩散过程，也是文化学习与吸收的过程，博物馆因受展陈时间和场地的限制，使得观众必须在有限的时空范围内观展和学习，传播效果会受到一定限制。而文创产品是经过创意人员利用一定的文化资源，通过其创造性劳动，综合运用知识产权等工具和现代科技手段而生产出的具有较高附加值的文化产品，有利于人们对他们生活的周围环境进行解释并对各种事件做出评价，人们也可以从中获得消遣、娱乐等身心的享受。在传承和发扬优秀历史文化方面具有重要的作用，其核心内容文化产品的生产必然要服从于国家发展战略，以满足社会共同的文化需求。通过对博物馆观众购买文创产品情况的观察发现，观众在博物馆参观期间，通常会根据个人爱好选择购买一些具有代表性的馆藏文物特征符号的艺术品。这一行为在一定程度上实现了观众内心获得个性化文化价值和文化享受的愿望。其结果是文创产品抽象为一种文化媒介和象征符号，观众足不出户就可以通过这些艺术品回味博物馆的观展过程和独特体验，任何时间观众都可以用自己喜好的方式与家人、朋友分享关于博物馆的文化记忆，从而以一种更加个性化的方式有效地扩大了博物馆传播的辐射范围，提升了传播效果，是满足公众文化需求的有效途径。

三、做好博物馆文创产品的研发

博物馆文创产品是博物馆文物信息、建筑形式、历史特色的另一种载体，

带有遗产、文物和藏品丰富、准确的内涵和信息。做好这项开发工作是每个博物馆人的文化职责和使命。因此，20 世纪七八十年代开始，欧美各国主要的博物馆，都非常注重博物馆商品的开发。大家也已非常深刻地认识到良好的博物馆商品是博物馆传播的媒介，是对博物馆展览和藏品的宣传，是博物馆提供给观众的必要的和基本的服务；同时，也是博物馆解决经费问题的一个重要手段。这个概念近年来在我国也渐渐成为博物馆界的一项共识。部分博物馆研发了参观纪念品，产生了良好的社会效益和经济效益。但从总体上看，目前多数博物馆对于文化产品的开发没有给予应有的重视，有的甚至存在一些历史的误区，没有从延伸博物馆的展示服务和文化传播功能出发，统筹谋划为广大公众喜爱的精神文化载体，导致许多博物馆的文化产品种类单调，质量不高，文化市场竞争力不强，不同程度地影响了博物馆社会作用的发挥。经常面临着"观众不买账""水土不服"等重重困境。相当一部分文化遗产、文物藏品在文化元素的提取过程中存在着生搬硬套的现象，一条龙方案"放之四海而皆准"：文房四宝、书签、铅笔、冰箱贴、杯垫、钥匙扣等使消费者审美疲劳；为求新、求异，一些文化创意产品又牵强地加入一些寓意与抽象效果，但往往适得其反，让人看了一头雾水、费解不已。还有些摆件模型只适合到博物馆里看，不实用也不能用。因此博物馆文创产品的研发应始终坚持把弘扬传统先进文化、民族精神摆在首位。商品与博物馆的宗旨、业务相结合，加强博物馆文化商品研发、销售的协作，坚持政府倡导、博物馆主导、行业协作、企业参与、商业运作的机制。博物馆主动加强与社会力量的协作。与社会专业设计公司及商品生产企业合作进行商品的开发设计。利用社会力量，开发制作成系列的纪念品。产品开发模式可分为：自行开发、与厂商合作开发、公开市场采购，具体操作表现在以下几个方面：

1. 博物馆要主动加强与社会力量的协作。可通过对外聘请专职设计人员做商品开发设计。利用厂商的资金，开发制作成系列的商品。

2. 与相同文化区的兄弟单位交换或共享开发资源。

3. 发动馆内员工献计献策，集思广益，贡献创意；鼓励研究人员出版科普读物和藏品研究成果。

4. 遵循价廉物美的原则。尽管博物馆商品经营具有劝募性质，通常比一般旅游点的商品价格要高一些，但博物馆商品经营的主要对象，尤其是免费开放后，还是普通百姓和青少年学生，而且纪念品经营还有传播博物馆文化的功能，因此，博物馆商品的开发，除少量知识含量较高、制作成本较大的特色纪念品可将价位适当定高，主要应开发一些价廉物美的商品。抓住高端市场，同时抓住薄利多销的低端市场，达到既募集资金、又宣传博物馆文化的目的。

5. 注意知识产权的保护。博物馆文化产品的开发必须做好知识产权的保护工作。一是应注册博物馆商品的商标；二是对技术含量高的特色商品，注册专利技术；三是固定商品合作开发商，约法三章，利益均享，协力做好知识产权保护工作；四是抓住侵权的典型案例，利用法律武器维权，达到既宣传了我们自主开发的特色纪念品，又震慑侵权者的目的。

四、讲好文化创意故事——让博物馆活起来

博物馆文创产品在选择文化元素时，要尽量选择一些有趣的或者是有故事性的藏品元素，并根据博物馆藏品的特点、文化等内涵等，挖掘创新，这样才能让沉睡在深宫中的博物馆藏品焕发生机，使文物活起来，让博物馆火起来。游客也能在沉闷的参观中得到一丝乐趣，买到称心的博物馆文创产品，并高兴地把“博物馆”带回家。湖北省博物馆在这方面做了有益的尝试。

近年来，湖北省博物馆加大了对数字创意产品的投入。结合湖北省博物馆的空间特点，设计了“小木屋公共文化空间”互动项目，制作了 2 款“文物拼图”游戏、2 本电子书和一款以国宝鹿角立鹤为原型的“体感游戏”。这些具有教育意义的媒体内容丰富了观众的参观体验，让湖北省博物馆“小木屋”成为一个可以游戏的乐园。

在湖北省博物馆的诸多珍贵文物中，曾侯乙编钟是当之无愧的“大明星”，为了让博物馆成为孩子们求知、求真的乐园，提供更适宜的环境鼓励体验式学习，湖北省博物馆创作了中国首部考古主题动画片《曾侯乙》，与中国教育电视台“博物馆之夜”栏目合作，通过进行在线首播，观众可以通过“爱奇艺”网站观看这部动画片，感受别具一格的讲述方法，十足的趣味性与色彩丰富的画面，在卡通人物的带领下开启一段神奇的古墓探秘之旅。本片共展示了包含 9 件国宝在内的 32 件珍贵文物，通过 2D 与 3D 相结合的方式，将曾侯乙墓中的场景进行 360 度展示；是一部名副其实的少儿版“古墓探秘”，引导观众以循序渐进的方式走入古人的世界。

1987 年在湖北荆门市一座 2300 多年前的楚国高等级贵族墓葬中出土了圆形彩绘漆奁，绘于奁侧壁的长卷通景画“车马出行图”描绘了公元前 5 世纪贵族出行的场景，堪称中国最早的“连环画”。根据彩绘漆奁的原型，我们创作了“车马出行图”填色绘本，期待博物馆的藏品可以更多地走进老百姓的日常生活，让千年之久的文物以崭新的面貌来到我们面前。文化的传播、传承与发展是一脉相承的延续，亦如以如画卷般的任意起点展开故事是古人留给今天的启示；用画笔开启想象之门是绘本创作者留给读者的喜悦与想象。

通过以上事例，充分说明利用馆藏资源，讲好文化创意故事，是深受观众喜爱的，对观众理解藏品、感知传统文化，是最有效的手段之一。

五、做好博物馆文创产品营销　把博物馆记忆带回家

为了更好地利用文创产品让观众把博物馆记忆带回家，实践中做好博物

馆文创产品营销是博物馆重要的工作之一。

博物馆文创产品的传播过程涉及信息源和信息通道以及信息接收者三个主要环节。信息传递的通道是否通畅、是否受到周围环境的干扰是影响信息接收效果的重要因素。良好的服务能大幅度提高观众在博物馆的留驻时间和满意度，从而为文创产品的营销创造条件。免费开放以来，博物馆的观众量超出之前的数倍甚至数十倍，展厅爆满、环境嘈杂，这会直接影响到传播的效果。因此博物馆在管理上，应更加强调部门之间的沟通与协作，改善工作的整体性、协调性与联动性，根据实际情况制定各种应急服务预案，综合规划人力、物力资源和场地资源的配置，保证良好的展览环境。同时，适时举办不同类型的专题讲座、学术报告会、文物鉴赏会等方式也是推动传播工作不可或缺的重要手段，这些都有利于提高观众进入博物馆的频率，帮助参观者深入理解与欣赏文物背后蕴含的知识和文化内涵。目前，博物馆已经在社区服务中占有了重要地位，其服务功能已经超出了单纯的教育内涵，在塑造社区独特的文化氛围、加强社区的团结等方面发挥着重要作用。关注社区居民，为社区居民提供多样化的文化服务，积极地鼓励与实现博物馆与社区居民之间的交流与沟通，并获取有价值的反馈。这些举措不但有利于我们后续工作中不断调整和改进传播内容与形式，而且能够在博物馆与社会公众之间建立起良好的互信关系，有利于吸引更多的人成为博物馆忠实、长久的朋友，为未来文创产品的推广培育忠诚的消费群体，使博物馆新一轮的传播活动能够获得更好的效果。

精美的文物、新颖的内容、适宜的陈列方式、精良的制作工艺配合良好的观展环境会给予观众立体化的文化体验，提升传播效果，同时更容易唤起观众的求知欲，更容易激发观众购买文创产品的欲望，从而为文创产品进入千家万户创造条件，从而达到让观众把博物馆记忆带回家目的。

览荆楚乐风　睹编钟辉煌

马业平

内容摘要： 自湖北省博物馆编钟乐团面世以来，其鲜明的楚乐楚韵特色，国际性禀赋引得数以千百万计的游客流连忘返。本文详细介绍了湖北省博物馆敢为人先、独辟蹊径，充分利用馆藏音乐文物，推出来一台独具荆楚乐风的编钟乐舞演出。

关键词： 编钟　古乐器 演出

如果说我国古代的灿烂文化好似一条飞金溢彩的珠宝之河的话，那么其中的楚编钟则最为瑰丽辉煌，熠熠闪光。

一

帷幕拉开，舞台中央摆放着蔚为壮观的是1978年在湖北随县出土的编钟，这套由六十四个编钟组成的器物，按照浇铸的不同花纹分成九组，总音域五个八度，且十二律齐备，可以在三个八度的中心音域范围内，构成完整的半音阶。上层钮钟声音清脆明亮，中层的甬钟音色丰满辉煌，下层的大甬钟则声音深沉悠远。出土后编钟音乐性能完好，音色雄放瑰奇，音域宽广且可自由转调，成为湖北省博物馆的镇馆之宝，也是中华之瑰宝。令无数中华儿女为之神往，更令外国朋友叹为观止。

编钟是古代王侯的贵重礼器。古人将其誉为“金乐之首”。曾侯乙编钟的出土，第一次向今天的人们展示了我们民族两千四百多年前的乐律铭文，揭开先秦时期乐律学史中光彩夺目的一页，生动地反映了楚人精湛的工艺水平和发达的音乐文化。专家们说，曾侯乙编钟是我国音乐史上的一座丰碑，虽然它是在楚人手上完成，却荟萃了整个华夏文化的精英。

编钟放在博物馆，它们是祖先的骄傲，只能证明几千年中国文明和荆楚文化是多么璀璨，只能是展品，然而，湖北省博物馆的领导与专家们，以及唯楚有才的艺术家们，他们深知，在当今世界知识经济崛起，互联网络沟通，西方的文化、技术在信息流通中占有很大的优势的情况下，必须以今人视角诠释古代文化风尚，而思考的重心无疑落在传统文化与当代构建上，大胆创新，独辟蹊径，这是链接古今的文脉，千百年来，荆楚儿女就是这样不断地给它注入新的活力，又不断受到它的滋养，才得以薪火相传。相同的文脉，不灭的精神，决定了每一代人都同声相应，同气相投。湖北省博物馆编钟乐团就是在这种思想指导下，应运而生的。

音乐会以《金殿》《朝乐》作为开场，八音和鸣，气势恢宏，先声夺人。源于南方远古神话、巫术文化的楚文化，在春秋战国时期就规模庞大，异常绚丽。如屈原的《九歌》中的“东皇太一”就是古楚臣民祭祀天帝的乐歌。诗中写道：“扬枹兮拊鼓，疏缓节兮安歌；陈竽瑟兮浩倡；灵偃蹇兮姣服，芳菲菲兮满堂；五音纷兮繁会，君欣欣兮乐康。”从诗的字里行间中，那绚丽辉煌的场面历历在目，细腰长袖的舞姿跃然出纸，庄严肃穆的合唱和五音纷繁的乐声如雷贯耳。楚国的音乐一向以规模恢弘而著称。《招魂》说：“竽瑟狂会，搷鸣鼓些。宫廷震惊，发激楚些。”《左传》上有“楚国地室金奏，晋使惊而走出”的记述。可见楚乐能激发楚人斗志，显耀楚国威名。曲作者依据大量史料对乐曲的音乐悉心设计：先钟声磬和，再鼓振柷协，笙鸣埙咽，琴箫交响，次第发音。形成了金、石、革、木、匏、土、丝、竹等八音和鸣的五彩缤纷声响。

二

在欣赏编钟乐团演奏《楚调》和《楚商》时，不禁使人想起了伟大的爱国诗人屈原，他十分喜爱家乡楚国的民间歌曲。常常用当地的民间歌调来抒发自己的感情和爱国理想，写下了楚声新作——《楚辞》。“楚声”以它特有的形式，保存了南方古老文化的传统特征，“楚声”是一种具有较高艺术水平的音乐，它的产生与发展，对以相和歌为代表的两汉音乐有着重要的影响。此外，汉刘邦是楚国沛地人，他南北征战路过家乡时，创作了著名的《大风歌》，这首歌用了当地的楚声作基调，唱出了他叱咤风云的战斗风格，以后此曲被编为琴曲。在谈到楚调、楚商时，我们不能不提起吴歌和西曲。它们是我国晋宋、齐梁时代流行于南方的两种民歌，在南方有着较大的影响。《魏书•乐老》中就有“江南吴歌，荆楚西声”的记述。

吴歌即晋宋时代的徒歌，产生于以建南（今南京）为中心的江苏一带，其内容大都是抒情的小段，主要用弦乐器伴奏。“西曲”出现于“吴歌”之后，流行于以荆州为中心的湖北一带，盛行于齐梁时代，它的曲调十分丰富，多为管乐器加上鼓和铃作为伴奏乐器。

笔者认为，若用《大风歌》为题材，用楚编钟、编磬、建鼓以及楚琴、楚瑟为主奏，则会更加为音乐会增色。其实音乐会题材还可以更宽泛一些，地域性更扩大一些，因为荆楚是春秋战国时代地位显赫的一个国家，疆土有今天中国一半大小。这个丰饶美丽、文化繁荣、神话传说纷纭、勇武精神洋溢的古邦，它的传统和后来中国发展关系极大。

长期以来，湖北省博物馆借助专家、学者的力量，为弘扬荆楚优秀文化做了大量的工作。经过长期而艰辛的努力，创编出一台以出土编钟、编磬为中心，有着浓郁楚文化特色的乐舞，而且一经推出就名震四方，走向了世界。自编钟出土以来，应邀到日本、新加坡、美国、英国、法国、荷兰、卢森堡、比利时以及中国香港和台湾等二十多个国家和地区进行演出访问。曾经参加国庆35周年大典及1997年香港回归庆典、北京奥运会、上海世博会、东京第二十九届国际音乐节等演出。与亚洲青年交响乐团、美国波士顿交响乐团、苏格兰交响乐团、纽约交响乐团以及中国台湾的“国”乐团等著名乐团合作演出，并与日本NHK国家电视台长期合作制作音乐节目。均受到一致好评。

三

磬，是我国古代“八音”中的石制敲击乐器。它曾经伴随着我们的祖先走过了一段从新石器时代到青铜时代的漫长历史路程。曾侯乙墓出土的全套编磬共三十二件，音域有三个八度。它以独特的造型，悦耳的音响，向人们展示着它那无与伦比的艺术魅力，并以无可辩驳的事实证明，在荆楚这块古老的土地上，曾经回荡过多少令人心醉的音乐啊！湖北省博物馆的音乐家门，充分利用了音域宽广、音质清悠的编磬，尤其它全音列中十二个半音齐备，可旋宫转调演奏古今中外各种乐曲，于是作曲家将流行在楚国的一首琴曲《高山流水》改编为磬独奏曲《流水》。自唐代以来，琴家们将《高山流水》分成了两首，即《高山》和《流水》，一般只演奏清代光绪二年出版的《天闻阁琴谱》谱本。由于曲中反复运用了描写水势的“滚”与“拂”指法，故又称《七十二滚拂流水》。新编移植的磬独奏曲《流水》，是在琴曲的基础上，充分运用磬的敲击技法和音色，描述了楚国大夫俞伯牙弹奏高山流水时，听者钟子期会意知音，二人成为莫逆之交。钟子期死后，伯牙痛失“知音”，将琴摔碎，终身不再抚琴，成为千古佳话，“知音”的典故即源于此。至今古琴台、钟家村、琴断口、碎琴山等古迹和地名仍在武汉。

《流水》使用楚国出土的乐器，讲述楚国的故事，是音乐会的浓彩之笔。此曲在演奏中，只见磬锤上下翻飞，乐声高低穿插，时而双锤长轮，如碎玉叮咚，宛涓涓小溪汇成滔滔江河，时而敲击复调，似子期与伯牙答来问往，相映成趣，时而又打出双音，若琴瑟相和，金清玉振，将这一脍炙人口的名曲娓娓道来。磬独奏曲《流水》告诉我们：移植也是创造，更是一种升华。

由《流水》一曲，不禁使我们想到了1977年美国发射的“旅行者”号太空船，为了寻觅地球以外的“人类”，曾把中国古典乐曲《流水》和贝多芬的《欢乐颂》等名曲，一起载入太空，遨游苍穹，去寻找人类的知音。值得一提的是，在这场中国荆楚古典音乐会中，也再现了贝多芬第九交响乐中的主题音乐《欢乐颂》。而把美国电影《魂断蓝桥》中的主题音乐《友谊地久天长》，作为音乐会的终曲，也十分耐人寻味。也就是我们常说的“以传统为源头，以世界为参照”的艺术探索吧！音乐是无国界的，友谊是地久天长的，而楚国的编钟、编磬则是世界无双的。

四

在音乐会中，让我欣喜地看到了作曲家对传统音乐的重新编配，即以当代人的文化诉求来展现荆楚音乐的辉煌。例如排箫独奏《黄鸟》和埙独奏《哀郢》，虽都是吹奏乐器表演，但前一首是秦风，如泣的曲调犹如挽歌；后一首是楚风，呜咽的音色悲凉而凄美。在两首荡气回肠的乐曲演奏中，有清丽、有疏朗、有豪情、有悲怆，旋律优美，吹奏动人。排箫的气颤滑奏声声漫，陶埙幽咽淡远意境浓，让人回味无穷。以刘禹锡的《竹枝词》创编的古乐合奏，听来清新俊逸，质朴自然。《梅花三弄》原是一首笛箫曲。梅花历来是音乐家、画家们咏叹的对象。我们知道，同一曲调，用不同手法反复三次演奏，称为“三弄”。通过乐曲的反复处理，表现了梅花傲雪绽放的英姿。用多弦的瑟弹奏连绵回绕，飘动隽逸，韵味无穷。这些从古代诗词中提炼出来的乐曲，以今人视角诠释古代文化风尚。那时而如江南秀女怀抱琵琶的轻吟婉诉，也有那种关西大汉手拿铁板“大江东去”式的壮歌豪唱，皆一张一弛，忽紧忽慢，情感的或收或放，尽显楚文化的味道。

给人印象较深的是笙与古乐队合奏的《玄鸟》，它取材于《诗经》里“天命玄鸟，降而生商”篇章。《诗经》是我国古代最早的一部诗歌总集，其中保存着三百零五篇作品。人们常说“诗三百篇”，是举其整数而言的。但是，倘若我们打开《诗经》数一数它的篇目，却发现有三百一十一个。这是因为在《诗经》的《小雅》部分中，有六篇是有目无辞的。这六篇的名字是：《南院》《白华》《华黍》《由庚》《崇丘》《由仪》，它们被称为笙诗。什么叫“笙诗”呢？文献中说，《诗经》中的作品最初都是乐歌，它们是可以由乐器伴奏着来演唱的。关于“笙诗”有两种说法：一种说“笙诗”仅仅是笙乐的名字，在演唱诗歌时插入吹奏，因此它原本无辞，好像是歌曲中的过门一样。另一种说“笙诗”是用笙来伴奏的诗，他们原来是有辞的，只是后来失传了。因此，用笙来表现《诗经》内容由来已久。虽然如今《诗经》还是那个诗经，而笙已今非昔比了，笙斗已以铜代匏、笙苗上加有“倍管”，部分按音孔已被“波姆”键所替代，但万变不离其宗，可吹起《玄鸟》来，在演奏者的巧吞妙吐下，仍充分表达出古代音乐的一种通灵和默契。乐曲更多的是从音乐角度奉古。那和谐的笙响，古朴的韵味，传达着《诗经》中极富哲理的词意，笙声不息的乐声流动，寓意着历史的沉浮。

值得称道的是整台音乐会除了原汁原味的继承外，作曲家们汲取古乐中极具代表的元素，植入现代音乐创作技法，但又不失楚乐特有的传统韵味和深厚底蕴，令人耳目一新，使听众对古楚音乐有了一种全新的感受，扩大了受众面。并可看出他们“仿古而不复古，拟古而不泥古”的艺术追求。从而使湖北省博物馆编钟乐团的演奏艺术，随着前进的步伐向前发展。

结　语

考古学家们说：如果博物馆起不到教育作用，那和仓库还有什么分别？博物馆必须从“物”转向“人”，这是历史发展的必然。使“乐器展品”变为“立体音响”，使参观者不再是被动接受知识的学习者，博物馆也不仅仅是扮演施教者的角色，而是在人们的休闲、参观和娱乐活动中扮演着重要角色，让博物馆不仅成为“城市名片”，还能成为世界多元文化的对话场所。自博物馆免费开放以来，必将是越来越走向公众，为公众普及文化艺术、历史知识。湖北省博物馆为繁荣、促进本省从文化资源大省向着文化强省迈进，通过编钟乐团演出，把楚文化遗产向世人立体地、生动地展现出来，不仅有利于“非遗”的传播、人才的培养，还拓展了市场，是值得大书而特书的。

自湖北省博物馆编钟乐团面世以来，其鲜明的楚乐楚韵特色，国际性禀赋引得数以千百万计的游客流连忘返，湖北省博物馆已成为高耸云天的文化湖北新地标。

论博物馆文创产品　浅谈文创产品营销

闵　敏

内容摘要： 博物馆文创产品开发的意义及文创产品营销与普通商业营销的区别。

关键词： 博物馆文创产品　营销方式　文创产品价值

作为公益类文化文物单位的博物馆，是中华优质文化资源的集中保存地，是传统文化研究人才的集聚贮存地。当观众走入博物馆的那一刻开始，大部分时间都是按照博物馆所设定的主题被动地接受大量信息。博物馆投入大量人力物力去策划一个展览，不管从信息量、条理性、逻辑性而言都能让公众在最短的时间内得到并且理解博物馆所要传递的信息。只不过，大部分观众可能当时了解历史，一离开展馆就已经忘记了。因此，这种"单向灌输"尽管高效，但却较难形成长久记忆。此时，利用博物馆馆藏优势，利用藏品所蕴含的传统文化底蕴，以中国的传统文化精髓创意设计的文创产品就可以作为一个记忆的点，与观众形成"双向互动"。当观众看到从复制品、精品、收藏品，到老少咸宜的日用文具、配饰、不能免俗的钥匙圈、食品等从而回想起参观时候所接受的信息，甚至通过产品去探究背后隐藏的更深层次的东西。所以自 2016 年 5 月文化部、国家文物局等部门下发《关于推动文化文物单位文化创意产品开发的若干意见》后，国内各大博物馆都在探索自己的文创产品开发之路。2016 年 11 月，国家文物局选出 92 家单位入选全国博物馆文化创意产品开发试点单位，鼓励试点单位探索通过博物馆知识产权作价入股等方式投资设立企业，让真正的文创产品不再是止于"点缀生活"，更不是"高高在上"，而是脚踏实地深入人们的深层需求、实实在在地浸润着百姓生活，让人们充分地享受更加历史化、人性化的产品，让人们的生活"越中国、越高贵"。

博物馆的文创产品，是博物馆结合自身馆藏文化资源的文化特征与文化符号，将创造性思维与馆藏文化进行结合的文化与商品的有机统一。优秀的文化产品的开发和售卖能够产生较好的经济收益对博物馆进行反哺，使博物馆更好地传承和履行职责。博物馆文化产品是整体性产品，是由文化活动的综合性决定的，观众的需要日益多样化，也必然使博物馆文化产品所包含的内容日益广泛。从博物馆文化产品的某个层面看，它属于服务性产品，具有无形性特点。无形产品在购买之前是不存在的，观众只能依靠知识、经验的代用品来判断他们可能得到什么。博物馆文化产品的无形性要求博物馆在对文化产品进行营销时，要把无形产品有形化，把博物馆文化产品的特征和质量转化成观众能看到和感觉到的信息，传递给潜在目标市场，使潜在观众能对博物馆文化产品有所认识，使他们认识到参观该项文化产品所能获得的享受和满足，促进他们的参观欲望和购买行为。文创产业发展至今，创意与内涵的价值确实逐渐被看见，但如何把创意与内涵卖出去，创造正向循环的价值交换体系，也就是常常被提及的永续经营模式，是文化创意能不能产业化，为产业工作者打造良好工作环境的关键策略，就需要更好的营销。从营销的角度看，有形产品的生存过程和消费过程是相互独立的，而博物馆文化产品的生产过程，即文化产品的提供过程，是以观众来到博物馆参观消费为前提的。博物馆工作人员与观众发生面对面的接触，借助一定的文物标本构成展览资源、展览设施，提供展览服务，观众在参观消费的同时也参与了生产过程。这说明了博物馆文化产品生产与观众参观消费同时发生的特殊性。一旦观众不再参观消费，博物馆文化产品服务不再存在，博物馆文化产品的生产过程即会停止（没有观众的展览不构成文化产品的使用价值）。生产与消费的同一性是服务产品与有形产品最基本的差别。博物馆文化产品的这一特性使文化产品质量难于控制。因为不同观众的需求、偏好各不相同，使每位观众都满意的服务不可能是同一的。观众介入博物馆文化产品的生产过程，工作人员的服务很难被提前检验，他们在服务过程中的任何失误都会破坏观众对博物馆文化产品的印象。另外，同一性使得工作人员和其他观众成为某一观众参观经历的重要组成部分，他们在服务与生产过程和享受参观消费过程中的态度和行为很大程度上影响着观众对博物馆文化产品的满意度，同时也加大了博物馆文化产品质量控制的难度。并且工作人员面向观众提供服务，使他们不仅是作为生产人员，而对于文创营销工作者来说，营销比较像是基于市场经验累积而来的直觉，看到行销大师提出的什么营销四力、营销七力就晕头转向，毕竟真枪实弹的商场靠的可是实时反应，而非无从得知如何应用的学术研究报告，而文创产业的产品或服务，确实与传统产业、制造业、科技业等容易被量化计算的价值结构迥异，因此文创商品营销人员如何将推广力扣紧产品力（感染力）呢？文创商品具有双重属性，既是商品，也带文化影响。一旦加强这种价值的影响力及传播性，必定会在消费社群创造更大的回响。消费者对文创商品的消费行为是一种文化或情境的情愫发酵，在选购文化创意商品就会对商品所带的意涵进行比较，包括商品价值、定位，也就是说如果商品不具价值、没有背景衍生故事，是无法触动消费者的购买动机，而且这些触动人心的品牌或含意如果深度不够时，就会被视为消耗性的消费，就是可买也可不买。如何让人们在购买产品时并能在产品中寻找感觉、身份和故事，购买情感和价值认同，将当地的人文背景带回家里？例如：古人造物时注重实用，制作精良，经久耐用。“制具尚用”突出实用价值是器具的衡量标准之一，反映出造物的首要目的是满足使用者需求。一个器物存在的价值就是其对于人类所提供的功能作用，无论是在物质层面还是精神层面，如何推销这于营销人员对商品背后的每件文物的了解程度是极具考验性的，不光要始终如一地借文创商品传达历史意义，无论是用故事来诠释或者着眼于新媒体运用，都要比一般产业销售人员更加艰难。只有清晰的掌握每件文物的由来、材质及寓意，才能更好地引导消费者进行对比，选择及购买。并在与顾客互动过程中需信心满满、强有说服力、热情洋溢。不管是任何情况下，都要以最灿烂的笑容迎接顾客；跟顾客耐心仔细地讲解，让其感受到你的尊重和热情真诚，加强可信度从而让顾客认可你这个人，再认可你所销售的产品。说白了就是对产品的认可更加需要其积极向上、精气神十足、主动去探索自己喜爱的东西，掌握更多的历史文化知识。才能在跟客户推销时，能更投入，更有真实感，最终达到运用消费者本身的传播力，大幅加速推广力。

好的营销应该不只是满足盈利，更需要激发出人积极的情感，让产品与使用者建立情感联系。一方面拉近了人与产品的距离，另一方面能带来情感反思。让消费者在第一次接触及随后的使用中，感受惊喜与感动。这种创造体验价值领导的商品，让消费者认同人与商品忠诚度，将为文创商品创造更多的商机。并且营销人员本身更应具备诱发这些品牌故事给产品本身带去更特殊的韵味与特质，情愫元素的素质及知识。使消费者感受到商品背后的一段历史，一位英雄的重生，赋予文创产品充分的情感，从而让消费者对商品产生情感和价值的认同感。如果营销人员无法在这方面创造价值，就失去了文创商品的意义。

总而言之，文创开发及营销是一项系统工程，博物馆文创首先要以提升文化影响力和传播力为目的，其次才是创收力，前两者有了，经济收益是顺其自然的结果。在这个过程中，我们还需要在国家政策的支持和指导下，去探索和尝试更加合理、高效的机制，借鉴和吸收古代优秀的造物思想，在赋予文创产品多样化、创新化的同时，做到古为今用。最终不仅让中国的老百姓能够通过文创产品对博物馆文化有更真切的理解，还能够形成中国的博物馆文创品牌，进而向世界传播好中国文化。

后 记

《湖北省博物馆文化创意产品图录》对湖北省博物馆三十年来文创工作进行了简单的梳理回顾，系统地介绍了历年来湖北省博物馆开发的文创产品，尤其是对2016年“全国文博单位文化创意产品·让文物活起来”推进会在湖北省博物馆召开以来，湖北省博物馆在文创工作方面的探索和实践进行了简要总结和初步思考。湖北省博物馆近年来围绕如何树立文创品牌、丰富产品架构、拓展营销渠道等做了一些工作，也取得了一定成绩，但跟一些兄弟馆相比还有差距，有待在今后的工作中进一步完善。

本图录是湖北省博物馆第一部系统的文创产品图录，是集体智慧的结晶。由王亮主编，杨蕾、闵敏任副主编。王亮拟定目录并撰写概述、产品说明，杨蕾、闵敏对入编文创产品进行了筛选并撰写了相关说明，王莉芬、潘虹协助进行了相关资料的整理工作。图片拍摄主要由湖北省博物馆志愿者王铁峰老师完成，保管部赵雄补充拍摄了部分照片。初稿完成后王亮统稿，王先福对全书进行了审定。本图录的出版得到了湖北省博物馆、科学出版社的王光明、董苗编辑的大力支持，在此一并致谢！

鉴于编者水平有限，书中错漏难免，敬请读者指正。

编者

2019年9月